Brain Power

Kraftquellen fürs Gehirn

Dr. med. Michael Eberlein

WELLNESS

Verlag Gesundheit

Inhalt

Ein Trainingsprogramm für den Kopf

Seite **5**

Leistungsstark durch Konzentration und klare Zielformulierung

Seite **9**

Stressprävention, Stressabwehr und Stressbewältigung

Seite **29**

Persönlichkeitstraining

Seite **39**

Fit im Kopf: Sauerstoff, Brainfood, Bewegung und Schlaf

Seite **55**

Gehirnjogging

Seite **99**

Ein Trainingsprogramm für den Kopf

»Cogito ergo sum«, Descartes berühmter Satz: »Ich denke, also bin ich« drückt das Menschsein und damit im Zusammenhang stehende Gehirnfunktionen, das Besondere des menschlichen Bewusstseins aus. 45 % aller Deutschen glauben, ihr Gedächtnis werde immer schlechter. 32 % trainieren ihr Gedächtnis mittels verschiedenster Methoden und 7 % nehmen laut einer Umfrage von 1996 Hilfsmittel in medikamentöser Form (Tropfen oder Pillen) ein, um ihr Gedächtnis zu verbessern. Vor diesem Hintergrund steht dieses Buch.

Fit im Kopf, wer möchte das nicht sein?! Besonders in Belastungssituationen ist es von herausragender Bedeutung, im wahrsten Sinne des Wortes »einen kühlen Kopf zu bewahren«.

Wunderwerk der Natur, Wunderwerk der Schöpfung: das menschliche Gehirn

Aus ganzheitlicher Sicht präsentiere ich Ihnen ein praktikables und leicht umsetzbares Trainingsprogramm zur Konzentrations- und Leistungssteigerung. Mit Hilfe psychomentaler Entspannungsverfahren können Sie Ihre Gehirnleistungen optimieren. Mit Garantie!

Mein Tipp

*Das mentale Trainings-
programm schützt
Sie vor Stress und
Leistungsblockaden*

Sie stehen vor einer Prüfung, vor einem Staatsexamen, Sie müssen
eine Rede, einen Vortrag halten, also ungewohnte Anforderungen
erfüllen. Sie kennen die Situation. Sie sind aufgeregt, nervös, Sie stellen
sich das Bevorstehende in allen Einzelheiten vor. Und je mehr Sie darüber nachdenken, sich darüber »den Kopf zerbrechen«, um so schwie-
riger erscheint Ihnen die gestellte Aufgabe. Körperliche Reaktionen
auf das Bevorstehende wie Schlafschwierigkeiten, Essstörungen und
vieles mehr können sich einstellen. Besonders Prüfungssituationen
werden in Gedanken oft zu unüberwindbaren Hürden. Vorstellung,
Gedankenassoziationen ... – ist Ihnen eigentlich klar, wie weit Sie mit
Denken zu tun haben, mit den Funktionen unseres Gehirns? Wissen
Sie, dass sie durch ein effizientes Training beeinflussbar und verän-
derbar sind?

*Die Speicherkapazität
unseres Gehirns
entspricht der einer
Bibliothek mit 100 000
Buchbänden*

Die Ratschläge in diesem Buch helfen, Ihre Denkleistung zu verbessern.
Durch gezielte Konzentrationsübungen lernen Sie, Dinge bewußter
und konzentrierter auf- und wahrzunehmen, besser zu speichern, zu
verknüpfen und in das Langzeitgedächtnis zu übernehmen.

Unser Gehirn muss trainiert werden. Täglich! Regelmäßig!
Und besonders mit fortschreitendem Alter, denn wie
bekannt, ist die Leistungs- und Merkfähigkeit des kind-
lichen Gehirns am höchsten entwickelt. Beim Kind werden
aufgenommene Informationen leichter und dauerhafter
aus dem sogenannten Kurzzeitgedächtnis in das Langzeitgedächtnis übernommen als beim älteren Menschen.
»Wenn es doch etwas gäbe, was mir helfen könnte, meine
Gedächtnis- und Konzentrationsfähigkeit zu fördern oder
zurückzugewinnen oder zu verbessern!« Gedanklich haben
Sie sich mit Ihrer Brain Power schon häufiger auseinander-
gesetzt, haben – bewusst oder unbewusst – Presseartikel

oder Anzeigen zu dieser Thematik gelesen und die darin gegebenen Empfehlungen umgesetzt. Was haben Sie damit erreicht? Meinen Sie wirklich, dass Sie mit Medikamenten, die zwar nachweislich die Hirnfunktion und Hirnleistungsfähigkeit verbessern können, das Problem der Konzentrations- und Gedächtnisschwäche beseitigen können? Meinen Sie nicht auch, dass ein wie auch immer geartetes Trainingsprogramm völlig überflüssig wäre, wenn sich dies so einfach sagen ließe?

Sie haben richtig gelesen! Ein Trainingsprogramm! Trainieren heißt üben. Dies wiederum bedeutet: Sie selber sind gefordert, Sie selber haben es in der Hand, durch ein Gedächtnistrainingsprogramm eine effektive Hilfe zur Selbsthilfe zu erwerben.

Mit einem trainierten Kopf bekommen Sie Belastungssituationen in den Griff!

Hilfe zur Selbsthilfe

K

Leistungsstark durch Konzentration und klare Zielformulierung

Autogenes Training und formelhafte Vorsatzhilfen

Unser mentales Trainingsprogramm baut auf den Übungen des autogenen Trainings auf. Griechisch ›autos‹ heißt ›selbst‹. Trainieren, das Wort kennen Sie, heißt üben.

Brainpower setzt ein mentales Entspannungstraining voraus

Mit dem autogenen Training erlernen Sie eine effektive, sichere und nebenwirkungsfreie Methode, Belastungen des Alltags zu meistern, negative Stressoren abzuschirmen.

Durch die Methodik der konzentrierten Selbstentspannung erzielen Sie Ruhe und Erholung und somit erhöhte Leistungsfähigkeit unter minimaler Zeitaufwendung.

Ruhe! Erholung! Das sind die ersten zu verzeichnenden Erfolge der in den zwanziger Jahren von Professor Johannes Heinrich Schulz in Berlin zum ersten Mal vorgestellten Entspannungstechnik. Ruhe und Erholung, dies bedeutet nicht nur körperliche, muskuläre Erholung und Entspannung, sondern auch seelisches, psychisches bzw. mentales Ausspannen. Und dies ist im Zusammenhang mit Konzentration und Gedächtnis von herausragender Bedeutung.

*Das könnte ein unlieb-
samer Zwischenfall sein!*

Johannes Heinrich Schulz entwickelte das Verfahren aus der Hypnose. Der körperliche Organismus reagiert sofort auf die autogenen Entspannungsübungen. Sie erzielen mentale Erholung schon mittels einer Zwei- bis Drei-Minuten-Übung. Besonders Trainierte sind mit Hilfe des so genannten Sekundenphänomens tatsächlich in der Lage, in kürzester Zeit totales geistiges, seelisches und körperliches Entspanntsein zu erreichen.

Darin zeigt sich die Tauglichkeit des autogenen Trainings für Belastungssituationen.

Nehmen wir das Beispiel der freien Rede vor einem Ihnen unbekannten Auditorium anlässlich eines besonderen Ereignisses. Selbstverständlich haben Sie den Text sorgfältig ausgearbeitet, Zahlenangaben und Eckdaten überprüft, Statistiken ausgewertet und Schlussfolgerungen in Ihre Rede eingearbeitet. Aber dennoch: die Vorstellung, *jetzt* vor das Rednerpult treten zu müssen, macht Sie unruhig – Sie stellen sich unliebsame Zwischenfälle vor, Sie haben Angst, dass Ihnen die Worte »im Halse stecken bleiben«, dass Ihnen die Sprache versagt, dass sich Versprecher häufen.

Wenn Sie Angst haben, signalisiert das Zentralnervensystem dem Organismus »Gefahr«. Geist und Körper reagieren darauf unwillkürlich.

Das Wort ›Angst‹ kommt vom Lateinischen ›angustus‹, das übersetzt ›eng‹ bedeutet. Und in der Tat: genau so kann der körperlich-seelische Zustand in einer Belastungssituation beschrieben werden. Sie fühlen sich beengt, körperlich und seelisch, Sie sind blockiert! Das vorhandene Wissen ist in der Prüfungssituation plötzlich nicht mehr abrufbar, der sorgfältig und präzise ausgearbeitete Redetext verliert an Brillanz. Ihr Vortrag droht, nicht mehr zu überzeugen, weil negativer Stress Sie an der freien Entfaltung Ihrer Persönlichkeit hindert.

Frei sein – unbelastet sein – mutig sein! Selbstbewusstsein hilft, angstbesetzte Situationen nicht mehr entstehen zu lassen bzw. körperlich-seelische Blockierung deutlich zu reduzieren.

Durch *formelhafte Vorsätze* können Sie körperliche Ruhe erzielen und leistungsfordernden Situationen angstfrei entgegentreten.

Mein Tipp

»Da stehe ich doch drüber!«, »Da bewahre ich einen kühlen und klaren Kopf!« – positiv formulierte Leitsätze wie diese können beim Konzentrations- und Gedächtnistraining mittels sogenannter »formelhafter Vorsätze« tief verinnerlicht und damit im Gehirn verankert und abrufbar gehalten werden. Sie helfen, in Leistungssituationen zu bestehen.

Die fünf Übungen des autogenen Trainings

1. Die Ruhetönung

Die Ruhetönung, die erste Übung des autogenen Trainings, ist wie keine andere geeignet, dem vegetativen Nervensystem in den vielfältigsten Belastungssituationen Ruhe, Erholung und Entspannung zu vermitteln:

In 5 minutenschnellen Übungen werden Sie lästige Stress- und Angstsymptome los!

Setzen Sie sich gelöst, entspannt auf einen Stuhl oder legen Sie sich auf Ihr Bett oder eine Liege. Schirmen Sie sich von äußeren Reizen ab: stellen Sie das Radio aus, schalten Sie das Telefon stumm etc. Und nun schließen Sie die Augen und denken Sie:

Ruhig – gelöst – entspannt – Ich bin ganz ruhig – Ich bin vollkommen ruhig!

Stellen Sie sich nun etwas vor, das für Sie mit Ruhe, Erholung und Entspannung unmittelbar assoziiert ist. Lassen Sie das Bild vor dem inneren Auge klarer und klarer werden, konzentrieren Sie sich auf einzelne Details, die Ihren Erholungswunsch besonders gut zu er-

ÜBUNG

TIPP

Durch die an jedem Ort und zu jeder Zeit effizient durchführbare Ruhetönungsübung fühlen Sie sich sofort erfrischt und erholt. Ihre Fähigkeit, sich zu konzentrieren und Leistungen zu erbringen, wird deutlich gesteigert.

füllen vermögen, und vergrößern Sie sie zu einem Bild. Halten Sie drei bis fünf Minuten an Ihrer Bildvorstellung fest. Atmen Sie dabei ruhig ein und aus, hin und her; halten Sie die Augen geschlossen und nehmen Sie die Entspannung vermittelnden Bildinhalte ganz in sich auf, saugen Sie sie auf! Nun räkeln Sie sich, strecken Sie sich und machen Sie die Augen wieder auf.

Was ist geschehen?
Mit Hilfe der Phantasie haben Sie im Gehirn ablaufende Prozesse in Gang gesetzt und ein individuelles, Ihrer Persönlichkeit Rechnung tragendes Bild entwickelt, durch das Sie völlige Entspannung erzielten. Konzentrieren Sie sich noch einmal auf den Übungsinhalt: Mit der Formulierung: **»Ich bin ganz ruhig, vollkommen ruhig«** erzielen Sie körperliche und seelische Entspannung. Dem Geübten, dem Trainierten gelingt es, sich sofort und unmittelbar gegen negative Stressbelastungen abzuschirmen.

Die Phantasie, der sichere Führer zu einem befreiten Kopf

2. Das Schwereerlebnis und die Wärmeeinstellung

Die Übung zur Schwere- und Wärmeeinstellung fördert die Durchblutung des Organismus einschließlich des Gehirns. Durch sie können bei Bedarf über die klassische Reihenfolge Arme, Hände, Beine und Füße hinaus auch andere Körperregionen, der gesamte Organismus angesprochen werden.

ÜBUNG

Die Schwereübung wird stufenweise vollzogen. Beginnen Sie mit dem rechten Arm und dem rechten Bein: »**Ich bin ganz schwer – die Glieder lösen sich – Arme und Beine werden ganz schwer**«. Durch die Schwereübung entspannen sich die Muskeln, stellen Sie sich ganz schwer vor, bis sich ein den ganzen Körper erfassendes Schwereerlebnis einstellt. Sie werden müde, ruhig, gelöst, entspannt und gewinnen Abstand zu allem, was Sie bedrückt.

So wie Sie die Muskeln lockern, können Sie auch auch Ihre Gefäße entspannen. Dazu konzentrieren Sie sich auf die Wärme, bis Sie spüren, wie es in den Händen und Füßen kribbelt. Sprechen Sie dabei: »**Ich atme ruhig aus und ein, ich bin gelöst, entspannt, vollkommen ruhig, ich bin ganz schwer, ich bin ganz warm**«.

Die Schwere- und Wärmeübung ermöglicht es Ihnen, Belastungen abzuwerfen. Sorgen und Nöte treten zurück. Energien sammeln sich zu neuer Schöpferkraft.

3. Die Atemübung

Sie wissen doch, das Gehirn, der Herzmuskel und die Nieren gehören zu den Organen, die auf eine permanente und effektive Sauerstoffversorgung angewiesen sind.

ÜBUNG

Durch die autosuggestive Atemübung, bei der Sie wiederholt aussprechen: »**Atmung ganz ruhig – es atmet mich**«, erhält der Organismus vom vegetativen Nervensystem positive Impulse zur psychomentalen

Entspannung und damit zur Erholung des Gehirns. Ihre Konzentrations- und Leistungspotentiale vergrößern sich.

4. Die Herz- und Bauchübung

Sie kennen nur zu genau die Situation: Vor der schon erwähnten wichtigen Rede, in der Prüfung, anlässlich eines besonderen Ereignisses »rast das Herz und gerät außer Takt«, die Brust ist scheinbar »zugeschnürt«, »es liegt Ihnen etwas auf dem Magen oder ist Ihnen auf den Magen geschlagen«.

Die Herz- und Bauchübung ist hervorragend geeignet, überschiessende Organreaktionen mit den damit häufig verbundenen Befindlichkeitsstörungen wie Beklemmungen, Bauchschmerzen, Blockaden und Erinnerungslücken weitgehend abzuschwächen oder zu verhindern.
Der diffuse Bauchdruck und krampfartige Schmerzen sind eine geradezu klassische körperlich-seelische Beschwerdekonstellation in »aufregenden« Situationen.
Wieso treten Sie auf?

Autosuggestion hilft, körperlichen Stressalarm zurückzuschalten

Das Ihnen bevorstehende, das außergewöhnliche, leistungfordernde Ereignis wurde in Ihrer Vorstellung negativ bewertet – sei es nun bewusst oder unbewusst. Darauf hat der Organismus reagiert. Ihre Vorstellung hat ihn negativ konditioniert. Unkontrolliert anflutende Stresshormone tun ihr Übriges, das gesamte Vegetativum nachhaltig negativ zu beeinflussen.

»Ich hatte einen totalen Block, mir fiel überhaupt nichts mehr ein!«: Wer hat nicht schon in Belastungssituationen solche oder ähnliche Organsymptome, Gefühlskonstellationen und Gedächtnisstörungen bei sich oder im Freundeskreis erlebt? Stresshormone, etwa die so genannten Katecholamine, sind aus dem Nebennierenmark bzw. der

Nebennierenrinde ausgeschüttet, sezerniert worden und haben sofort und unmittelbar massivste Einflüsse auf den Herzrhythmus genommen: Neben dem erwähnten »Block« ist das Herz »außer Takt geraten«, es schlägt buchstäblich aus dem Halse!

Mit der Herzübung gelingt es, das aufgeregte Herz zu beruhigen. Sprechen Sie einige Male ruhig hintereinander: **»Mein Herz arbeitet ruhig – ruhig – gleichmäßig – kräftig – und regelmäßig!«**

Im Idealfall kann die Hormonausschüttung vollständig verhindert und damit ein ausgeglichener körperlicher und seelischer Zustand erzielt werden.

Wie keine andere Körperregion gilt der Bauch als Seismograph für seelische und körperliche Ereignisse. Die gedankliche Vorwegnahme einer positiv besetzten Situation wie das bevorstehende Weihnachtsfest kann bei Kindern »Bauchschmerzen« vor Freude auslösen. Die Prüfungssituation bereitet Ihnen Bauchschmerzen.

Aufregung führt dazu, dass Neurotransmitter/Stresshormone freigesetzt werden. Dadurch können Bauchschmerzen und Bauchkrämpfen auftreten und das Verdauungssystem kurzfristig völlig außer Kontrolle geraten. Durchfallartige Stühle oder Verstopfungen können ebenso einsetzen wie allgemeine Befindlichkeitsstörungen.

Ein stressfreier Körper ist das A und O für optimale Gedächtnisleistungen

Der Mechanismus ist also wieder der gleiche: Negative Voreinstellungen und Assoziationen signalisieren dem vegetativen Nervensystem »Gefahr«. In der Folge kommt es zu einer Hormonausschüttung, und diese führt zu einer massiven Beeinträchtigung des körperlichseelischen Gesamtzustandes.

Die Bauch-, Solarplex- oder Sonnengeflechtsübung nimmt durch die autosuggestive Formulierung **»Bauch/Sonnengeflecht strömend** warm« direkt Einfluss auf den Solarplexus und damit auf eine Schaltzentrale im Oberbauch. Anstelle krampfartiger Beschwerden durchströmt Wärme den Bauch und Sie spüren, wie sich von ihm aus in Ihrem Körper Entspannung verbreitet. Damit stellt die Übung eine effiziente und nichtmedikamentöse Hilfe zur Selbsthilfe dar.

5. Die Kopfübung

ÜBUNG

Mit der Kopfübung schließt sich der Kreis der sogenannten Organübungen. Sie führt direkt zur Leitthematik dieses Ratgebers zurück, nämlich zur Gedächtnis- und Konzentrationssteigerung.

Bei der Kopfübung schaffen formelhafte Vorsatzhilfen im wahrsten Sinn des Wortes einen »klaren Kopf«. Die Technik kommt von der Hypnose her.

Über Hypnose haben Sie aus den Medien das eine oder andere bereits erfahren, vielleicht haben Sie sogar schon einmal aktiv an einer Hypnosesitzung teilgenommen oder sich hypnotisieren lassen. Wohlgemerkt und unmissverständlich sei betont, dass es sich dabei um die klinische Hypnose, die von einem professionellen Anwender durchgeführte Entspannungstechnik, gehandelt hat.

Das Hypnoeigentraining ist eine effektive Methode zur positiven Selbststeuerung

Hypnos (griechisch »der Schlaf«) bedeutet »schlafähnlicher Zustand«. Die Hypnosebehandlung und die entsprechenden Übungen werden in der Regel in der Liegehaltung durchgeführt. Durch seriöse Hypnotherapien können nach gestellter ärztlicher Diagnose organische Befindlichkeitsstörungen und in einzelnen Fällen auch Erkrankungen erfolgreich behandelt werden. Dazu gehören objektgerichtete Angststörungen (Fahrstuhlangst, die übertriebene Angst vor Spinnen oder anderen Tieren und Ähnliches). Ob und in welchem Umfang eine Hypnotherapie angezeigt ist und zielführend sein könnte, muss im Einzelfall durch ein Gespräch mit dem Hausarzt geklärt werden.

Ein der Hypnose ähnliches Verfahren stellt das Hypnoeigentraining dar. Dabei werden in Form von »wandspruchartigen Leitsätzen« zu erreichende Ziele formuliert. Solche Vorsatzhilfen werden im Zustand körperlicher und seelischer Entspannung durch Autosuggestion (Selbsteinredung) wirksam.

Formelhafte Vorsätze müssen **grundsätzlich**

• positiv

• knapp formuliert und

• erfüllbar

sein.

> Formelhafte Vorsatzhilfen sind als individuelle Hilfe zur Selbsthilfe zu verstehen. Sie sollten daher immer individuell, an der Persönlichkeit des Hilfesuchenden und seinen speziellen Problemen orientiert, erarbeitet werden.

Mein Tipp

Bei Konzentrations- und Leistungsschwierigkeiten infolge situativ ausgelöster Überforderungen stellt die Praxis der Selbsthypnose durch formelhafte Vorsatzhilfen ein erfolgversprechendes nichtmedikamentöses Verfahren zur Selbsttherapie dar.

Einige Vorsatzhilfen als Beispiele:

»Ruhig, mutig, sicher, konzentriert! Läuft die Arbeit wie geschmiert!«
Oder einfach:

»Mutig – sicher – konzentriert! So schaffe ich ES!«
Oder noch verkürzter:

»Ich schaffe ES – sicher schaffe ich ES.«
Ist Ihnen aufgefallen, dass in diesen Formulierungen sehr häufig der Begriff »ES« verwendet wird? Sicherlich! Formelhafte Vorsatzhilfen

Vorsatzhilfen sollten austauschbar sein

sollten nämlich in den verschiedensten Situationen eingesetzt werden können. Das »ES« ist sozusagen austauschbar. »Ich schaffe ES!« kann sich heute auf einen Test oder die zu haltende Festrede beziehen, zu einem anderen Zeitpunkt völlig andere, auch private Ereignisse »ansprechen«.

Durch hypnotische Selbstbeeinflussung können Sie Ihr Wohlbefinden in allen Lebensbereichen verbessern

Auch hinsichtlich des weit verbreiteten Wunsches, Übergewicht durch verändertes Essverhalten abzubauen, können Formulierungen wie **»Ich esse ruhig – bewusst«** mittel- bis langfristig zu einer anhaltenden Gewichtsreduktion beitragen! Wie Sie sehen, die Einsatzmöglichkeiten der Vorsatzhilfen sind äußerst vielfältig.

Formelhafte Vorsätze sind in Verbindung mit der Technik der minutenschnellen Selbstentspannung dazu prädestiniert, die Leistungen des Gehirns zu steigern, da »psychomentale Blockaden« abgebaut werden oder erst gar nicht entstehen.

Mein Tipp

Verknüpfen Sie autosuggestive Vorsatzhilfen mit Übungen zur psychomentalen Entspannung. Sie erreichen damit eine doppelte Wirkung!

»Kopf klar! – Stirn angenehm kühl!« – durch diese Kopfübung schaffen Sie es, einen »kühlen Kopf zu bewahren«, im wahrsten Sinne des Wortes »über der Situation zu stehen«. Sie eignet sich in Verbindung mit der Ruhetönung besonders zur Steigerung der Konzentration. Durch die wiederholte Formulierung **»Ich bin und bleibe ruhig – ruhig und gelassen – Kopf klar, Stirn angenehm kühl«** kann im Idealfall unter minimaler Zeitaufwendung eine maximale körperliche und seelische und damit geistige Entspannung erzielt werden. Im Sinne des sogenannten Sekundenphänomens (Schnellumschaltung/

Kurzentspannung) können Ruhetönung und formelhafte Vorsatzhilfe
von der Führerscheinprüfung bis zur Geschäftsverhandlung in den
unterschiedlichsten Alltagssituationen effizient eingesetzt werden.
Herausforderungen im beruflichen und privaten Bereich werden
durch sie leichter bewerkstelligt.

Jeder von uns kennt es: Ein Name »liegt einem auf der Zunge« –
aber er fällt im Augenblick einfach nicht ein. Ein Wort, ein Begriff wird
fieberhaft gesucht. Je mehr dieses Suchen imperativ (befehlsartig)
gesteuert wird, um so geringer ist die Wahrscheinlichkeit, das sie
erfolgreich verläuft. Dagegen kann eine bewusste Ablenkung von dem
entsprechenden Themenkomplex sehr hilfreich sein. Die gedankliche
Hinwendung und Zentrierung auf ein völlig anderes Sachgebiet führt
zu einer augenblicklichen Entlastung der »überspannten Hirn-/Denk-
tätigkeit«. In der Regel fällt einem der gesuchte Name, die richtige
Antwort auf die Prüfungsfrage, die scheinbar »vergessene« Telefon-
nummer sekundenschnell wieder ein.

In Verbindung mit der Kopfübung des autogenen Trainings ist es
wichtig, auf die Speicherkapazität des Gehirns einzugehen.

Erst durch regelmäßiges Gehirntraining können wir das Leistungspotential des Gehirns ausschöpfen

Das Lang- und Kurzzeitgedächtnis

Unser Gehirn (das durchschnittliche Gehirngewicht beträgt 1300 bis
1500 g) speichert mit ca. 100 Milliarden Nervenzellen Erinnerungen
an ein ganzes Leben. Die Kapazität unseres Gehirns ist unvorstellbar
groß. Millionen von Bildern/Sinneseindrücken können gespeichert
werden. Dazu kommt eine um das Vielfache größere Kapazität für das
Speichern von Wörtern und Zahlen. Im Kurzzeitgedächtnis werden
bis zu 25 Sekunden lang bis zu sieben unabhängige Informationen
gespeichert, im Langzeitgedächtnis (Altgedächtnis) werden Daten,
Fakten, Erinnerungen, Bilder, Sinneseindrücke ein Leben lang

Unser Gehirn ist immer noch leistungsfähiger als technische Speichermedien

»aufbewahrt«, wobei die Speicherkapazität durchschnittlich der einer Bibliothek mit einhunderttausend Buchbänden entspricht.

Durch die Kombination der Kopfübung mit anderen spezifischen Übungen des autogenen Trainings zur Konzentrations- und Leistungssteigerung kann es sehr viel leichter gelingen, Daten und Fakten aus dem Kurzzeitgedächtnis in das Langzeitgedächtnis zu überführen. Ruhetönung, Kopfübung und formelhafte Vorsatzhilfe stellen eine ideale Übungseinheit dar.

Bitte machen Sie nun folgende Übung:

Schirmen Sie sich von Lärmquellen ab. Setzen Sie sich entspannt in einen Stuhl, lehnen Sie sich bequem in einem Entspannungssessel zurück oder legen Sie sich auf den Fußboden. Schließen Sie die Augen. Atmen Sie ruhig in Ihrem Rhythmus hin und her, ein und aus. Vor dem inneren Auge erscheint jetzt wie in Leuchtschrift der Satz:

»Ich bin ganz ruhig! Ruhig! – Vollkommen ruhig – gelöst – entspannt. Gedanken ruhig! Kopf klar – Stirn angenehm kühl!«

Jetzt räkeln Sie sich! Strecken Sie die Hände zur Decke, grätschen Sie die Beine, räkeln und strecken Sie sich noch einmal ganz kräftig und öffnen Sie dann die Augen.

Sie fühlen sich erfrischt! Sie fühlen sich erholt! Im Idealfall haben Sie für zwei, drei Minuten körperlich-seelische und gedankliche Ruhe und Erholung gefunden.

Durch das Sekundenphänomen – auch Schnellumschaltung genannt – passiert etwas ganz Wesentliches: In kürzester Zeit – wenn Sie gut trainiert sind, reichen unter Umständen tatsächlich ein paar Sekunden – haben Sie völlige Regeneration erreicht.

Das Sekunden-phänomen

Und nun noch einmal zum Kurzzeitgedächtnis. Wie bereits angeführt, können darin durchschnittlich sieben Informationen auf einmal gespeichert und ca. 25 Sekunden lang behalten werden.

Beim effizienten Lernen, beim Aufnehmen neuer Informationsinhalte kommt es darauf an, den Lernstoff bewusst aufzunehmen, zu behalten, also in das Langzeitgedächtnis zu überführen und abrufbar zu halten. Konzentration ist somit die wichtigste Voraussetzung für effizientes Lernen.

Mit Hilfe des autogenen Trainings können Lerninhalte deutlich besser auf-genommen werden

Dies gilt besonders für komplexe Lernschritte oder Lerninhalte wie das Auswendiglernen eines Gedichtes oder das Merken chemischer und mathematischer Formeln. Auf der anderen Seite werden Einzelinformationen in einer Phase starker oder sogar stärkster körperlicher Belastung besonders genau registriert und ins Langzeitgedächtnis überführt. Dies erklärt, warum wir uns gerade an emotional sehr stark besetzte Lebenssituationen – seien sie nun freudig positiv oder traurig negativ erfahren worden – auch nach Jahren noch in allen Einzelheiten erinnern können. Emotionale Extremzustände sind jedoch insgesamt eher selten und es ist unmöglich, sich nach Bedarf in sie zu versetzen. Aber es gibt Methoden, die es erleichtern, Informationen in das Langzeitgedächtnis aufzunehmen. Sie begünstigen Lernerfolge. Zu ihnen gehören die psychomentalen Entspannungsverfahren. Machen Sie folgende Übung:

ÜBUNG

Schließen Sie die Augen. Entspannen Sie sich!
Sprechen Sie: »**Ich bin ganz ruhig, ruhig, gelöst, entspannt!**«
Die Augen sind bei dieser Übung geschlossen, die Sitz- oder Liegehaltung ist völlig entspannt. Nun wiederholen Sie die ersten autosuggestiven Sätze noch einmal und ergänzen Sie sie durch die Formulierungen **»ruhig – gelöst – entspannt – konzentriert!«.**
Bitte räkeln und strecken Sie sich jetzt und nehmen Sie eine x-beliebige Zeitung zur Hand. Betrachten Sie das Titelblatt 25–30 Sekunden lang. Ruhig! – Aufmerksam! – Konzentriert! Jetzt legen Sie die Zeitung beiseite, schließen erneut kurzfristig die Augen und lassen das Titelblatt vor dem »inneren Auge« vorbeiziehen. Im Anschluss nehmen Sie ein Stück Papier und Bleistift und schreiben Sie die im Gedächtnis haften gebliebenen Einzelheiten auf.

Wenn Sie diese Gedächtnisübung häufiger durchführen, werden Sie feststellen, dass durch das »konzentrierte Betrachten« bei einem gleich bleibendem Zeitrahmen von ca. 30 Sekunden deutlich mehr Informationen bewusst wahrgenommen und vom Kurzzeitgedächtnis in das Langzeitgedächtnis übernommen werden als üblich.

Neben dem Gedächtnistraining zeigt Ihnen die Übung, ob Sie ein visueller »Gedächtnistyp« sind, ob Sie also Schriftzeichen/Formeln/ graphische Elemente besonders gut speichern können.

Visueller Gedächtnistyp

Ist der Prozess der Datenübertragung vom Kurz- in das Langzeitgedächtnis abgeschlossen, so spricht man in der Wissenschaft von einem Engramm oder von einer Engrammierung. Die aufgenommene Information wurde durch hochkomplizierte neurophysiologische/ biochemische Vorgänge gespeichert, abgelegt und ist nun bei Bedarf wieder abrufbar.

Trainieren Sie Ihr Gedächtnis durch einfache Übungen. Die Speicherkapazität des Gehirns ist unbegrenzt und im gesunden Organismus auch im fortgeschrittenen Alter voll nutzbar.

Mein Tipp

Der Mensch der modernen Industriegesellschaften erhält bedingt durch die weltweit vernetzten Informationssysteme durchschnittlich in drei Wochen so viel Dateninformation wie ein Mensch im Mittelalter während seines gesamten Lebens. Folgen wir den Auffassungen der modernen Gehirnforschung, müssen wir annehmen, dass jede Information bewusst oder unbewusst gespeichert wird! Diesem Sachverhalt Rechnung tragend, kann im wahrsten Sinne des Wortes von einer Reizüberflutung gesprochen werden. Sie führt bei Kindern/ Jugendlichen, aber auch bei Erwachsenen zu einer deutlichen Beeinträchtigung der Konzentration und damit auch des Leistungsvermögens.

Wir leben im Zeitalter der Reizüberflutung

Das Gehirn verfügt über vielfältige Mechanismen, »speicherungs-
werte« von »speicherungsunwerten« Informationen zu unterscheiden.
Da wir vom menschlichen Individuum sprechen und also eine hohe
Differenziertheit des Denkens vor Augen haben, müssen wir von sehr
subjektiven, schwer verallgemeinerbaren Selektionsmechanismen
ausgehen. Sie werden allerdings außer Kraft gesetzt, wenn Reizschwellen überschritten werden.

Die meisten Menschen sind täglich einer Flut von Reizen ausgesetzt

Dies ist erneut eine Erklärung dafür, dass scheinbar unwichtige Wort-
und Bildinhalte, Gerüche und viele andere Details einer besonders
stressbesetzten Situation so dauerhaft ins Langzeitgedächtnis übernommen werden.

Zum Abschluss noch eine besonders gute Übung für einen freien Kopf:
Nehmen Sie im Sitzen oder im Liegen die gelöste Entspannungs-
haltung ein, schließen Sie die Augen, atmen Sie ruhig in ihrem
Rhythmus hin und her, ein und aus. Intensivieren Sie die Ruhetönung,
erleben Sie Schwere, Wärme und erfahren Sie die entspannende
Wirkung der bewussten Ein- und Ausatmung. Sprechen Sie: »Hin
und her – tief gelöst entspannt – atmet ES mich.«
Rufen Sie nun Ihr Hauptanliegen für den vor Ihnen liegenden Tag/
die Woche/einen längeren Zeitraum vor Ihr »inneres Auge«. Stellen
Sie sich dann die Weite des Meeres vor – den weit gespannten
Himmel – ein paar Wolken, die ruhig ihre Bahn ziehen. Weit geht
(in der Vorstellung) der Blick über die Weite des Meeres, über die
Weite des Wassers bis hin zum Horizont. Sie beobachten, wie das
Meer durch die Ebbe langsam zurücktritt. »Gedankenebbe« tritt ein!
Denken Sie: **»Der Kopf ist frei! Klar und frei. Das ist mein Ziel.«**
Stellen Sie sich jetzt Ihr Hauptanliegen in eigener Schrift in Groß-
buchstaben im Sand am Flutsaum des Meeres niedergeschrieben vor.
Sehen Sie bewusst/schreiben Sie bewusst Wort für Wort nieder. Klar
und deutlich steht – bildlich gesehen – ihr Hauptanliegen im Sand-
strand geschrieben. Atmen Sie ruhig hin und her, im ruhigen Rhythmus des sanft bewegten Meeres. Jetzt räkeln und strecken Sie sich.
Setzen Sie die Technik der progressiven Muskelan- und -entspannung
ein, indem Sie Arme, Hände, Finger, Beine, Füße und Zehen bewusst
anspannen und entspannen. Atmen Sie kräftig aus. Und nun öffnen

ÜBUNG

Der Kopf ist klar!

Holen Sie sich in
Gedanken ein Bild,
das Sie beruhigt –
die Weite des Himmels
und des Meeres.

Sie die Augen. Der Kopf ist klar! Das Hauptanliegen ist mental verankert und wird Ihr Handeln in den nächsten Tagen/Wochen oder
sogar für einen längeren Zeitraum mitbestimmen.

Sie gewinnen durch diese Übung die Fähigkeit, sich konzentriert auf
das Denken einzustellen und können eine Fülle kreativer Gedanken
entwickeln. Ihr Gehirn schaltet auf Ruhe um. Mit einem klaren Kopf
finden Sie zu sich; Sie überwinden Hemmungen und gewinnen
eine positive Einstellung. Verbinden Sie dieses neue Selbstgefühl mit
der Vorsatzhilfe: »Ich schaffe die vor mir liegenden Aufgaben. Ich
bestehe meine Prüfung. Souverän erfülle ich die Anforderungen in
meinem Beruf.«

Selbstbewußt und
positiv die Aufgaben
meistern!

Stressprävention, Stressabwehr und Stressbewältigung

Konzentrierte Selbstentspannung

Die Konzentration intensivierende Selbstentspannungsverfahren sind der Menschheit seit Jahrtausenden vertraut. Yoga, Meditation, Trance und Hypnose sind uralte Techniken mit dem Ziel, Abstand zu gewinnen und auf dem Weg vom Ich zum Selbst eine Art Innenschau vorzunehmen.

Professor Johannes Heinrich Schulz bezeichnete die Methode der konzentrierten Selbstentspannung als »Yoga des Westens«. Zunächst nur einem kleinen Kreis von Nervenärzten und Schülern um Schulz vertraut, erlebte das autogene Training in den siebziger Jahren einen Aufschwung, der bis zum heutigen Zeitpunkt andauert. Im deutschsprachigen Raum konnte sich das autogene Training als effizientes Verfahren zur Stressprävention, Stressabwehr und Stressbewältigung durchsetzen. Unter den autosuggestiven Entspannungstechniken nimmt es gerade hinsichtlich der Therapiesicherheit einen herausragenden Stellenwert ein.

Stressprävention, Stressabwehr und Stressbewältigung durch auto-

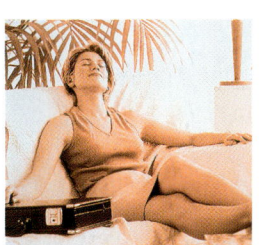

Durch Entspannung zur Konzentration

Yoga des Westens

genes Training? Was überhaupt ist »Stress«? Wie wird er subjektiv erlebt? Welche Auswirkungen hat er auf den Organismus, auf Gesundheit, auf Konzentration und Leistungsfähigkeit?

Stress gehört zum Leben

Grundsätzlich wird zwischen positivem (EU-Stress) und negativem (Disstress) Stress unterschieden. Für das aus dem englischen stammende Wort Stress (Belastung) kann zum besseren Verständnis auch der Begriff **Reiz** verwendet werden. Stressoren (Reize) gehören unverzichtbar zu unserem Leben, sie sind lebenserhaltend. Ein klassischer Stressor ist Gefahr. Die mit der Gefahrensituation verbundenen Reize bewirken, dass unverzüglich Stresshormone (Katecholaminen) ausgeschüttet werden. Darauf reagiert das Herz-Kreislauf-System. Das Herz schlägt rasend schnell, der Blutdruck verändert sich, die Atmung wird flach, die Muskeln ziehen sich zusammen.

Von der Schöpfung, von der Natur weise geplant und durch Jahrmillionen Menschheitsgeschichte von der Evolution bestätigt, ist der Organismus in Stresssituationen zur Höchstleistung fähig. Selbstverständlich können auch positive Stressoren (positive Reize) die genannten Organreaktionen auslösen. Der ablaufende Grundmechanismus ist dann der gleiche.

Biorhythmus

Bedingt durch eine oft unserem Organismus widersprechende Lebensweise (überwiegend sitzende Tätigkeit, Termindruck, unadäquate Ernährung sowie Reizüberflutung) kommt es im Laufe eines Arbeitstages im Organismus relativ häufig zu Stressalarm. Dies hat erhebliche Auswirkungen auf die körperliche und seelische Gesund-

TIPP

Ein produktiver Umgang mit Stress steigert die Leistungsfähigkeit.

heit. Stressprävention, Stressabwehr und Stressbewältigung sind daher unverzichtbare Bestandteile eines alltagstauglichen Konzentrations- und Gedächtnistrainingsprogramms. Vor dem Hintergrund, dass einer wissenschaftlichen Definition zur Folge »Stress die unspezifische Organreaktion des Körpers auf jede Anforderung« ist, die an ihn gestellt wird, kommt dem Dreisäulen-Antistress-Programm herausragende Bedeutung zu.

Das Dreisäulen-Antistress-Programm

Entspannt sein und lachen – richtige Planung ist Stressprävention

Stress		
-prävention	**-abwehr**	**-bewältigung**
Zeitpläne	Ruhetönung	Bewegung
Zeitpuffer	Vorsatzhilfen	Muskuläre An- und Entspannung
Information	Flexibilität	Konzentrierte Selbstentspannung
	Autogenes Training	

Stressprävention
Stressprävention sollte bei allen planbaren Tätigkeiten geleistet werden. So kann Lernstoff für die Examensprüfung nach einem realistischen und überschaubaren Lern- und Zeitplan erarbeitet werden. Recherchen für ein Vortragsmanuskript sollten rechtzeitig erfolgen, die Überprüfung der Daten in den Zeitplan eingerechnet werden. Ist verkehrstechnisch bedingt von einer Überlastung der Straßen auszugehen, sollte für den Weg zur Arbeitsstätte entsprechend mehr Zeit eingeplant werden. Erwägungen, auf öffentliche Verkehrsmittel umzusteigen, sollten nur dann spontan erfolgen, wenn Fahrtzeiten bekannt oder Informationen darüber auf schnellem Wege einholbar sind.

Zeitpläne und Zeitpuffer

Stressabwehr

Bildlich gesehen müssten Sie ein Schutzschild vor sich hertragen,
welches verhindert, dass Sie von unliebsamen Alltagsstressoren ange-
griffen und so belastet werden. Als solch ein psycho-
mentales »Schutzschild« kann die Ruhetönung des autogenen Trainings: **»Ich bin ganz ruhig/vollkommen
ruhig«** fungieren. Aber auch formelhafte Vorsatzhilfen
wie der imperative Auftrag: **»Ich bin und bleibe
ruhig/ruhig und gelassen! – Mutig, sicher schaffe ich ES!«** sind zur
Stressabwehr geeignet.

Schutzschild:
»Ich bin ganz ruhig!«

Nehmen wir dazu die viel zitierte Prüfungssituation als Beispiel: Eine
Fragestellung wird mündlich an Sie herangetragen. Sie konzentrieren
sich zunächst (bewusst und konzentriert!) auf die »Botschaft«, den
Inhalt der Frage und die Aufgabenstellung. Sie haben die Frage ver-
standen. Geben Sie nun Acht: Atmen Sie noch einmal ruhig ein und
aus, bevor Sie antworten. Denken Sie an die Vorsatzhilfe »Ich schaffe
ES!«, sie sollte bildlich vor Ihrem »inneren Auge« stehen. Dann
antworten Sie ruhig und konzentriert.

Stressabwehrstrategien wie diese können in allen vergleichbaren
Belastungssituationen erfolgreich angewandt werden.

Stressbewältigung

Wenn das Herz
im Halse schlägt ...

Reize, die Reizschwellen überschreiten, lösen im Organismus unspezifische Organreaktion und körperliche Veränderungen aus. Beispiele
sind »das aus dem Halse herausschlagende Herz«, die »zugeschnürte
Brust«, das Zittern der Hände, die Verkrampfung der Muskeln. Selbst
wenn Stresswirkungen äußerlich nicht ersichtlich sind, ist eine Organ-
beeinflussung über hormonelle Steuerungsmechanismen erfolgt!
»Mein Herz schlägt ruhig und gleichmäßig« – diese Übung spricht die

TIPP

**Erstellen Sie gedanklich eine Liste, wie Sie
im Alltag unnötigen negativen Stressoren
aus dem Weg gehen können.**

natürliche Tätigkeit des Herzens an. Wer aufgeregt ist, wird durch diese Übung wieder Herr über sich selbst. Die autosuggestive Beruhigung kann erweitert werden, wenn Sie sich in die Liegestellung begeben. Legen Sie dann die rechte Hand aufs Herz. Schieben Sie so viele Kissen unter den Ellenbogen, bis der Arm waagerecht liegt. Stellen Sie sich der Reihenfolge nach auf die Ruhe-, Schwere- und Wärmeübung ein. Stellen Sie sich dann das Herz vor. Sehen Sie es als Pumpe, die in gleichmäßigem Rhythmus in Ihnen arbeitet. Hören Sie seinem Schlag zu, sprechen Sie: »Mein Herz schlägt ruhig und gleichmäßig« und führen Sie Ihr Herz so zu seinem natürlichen Rhythmus zurück.

Konzentriertes Einstellen auf den natürlichen Herzrhythmus löst Spannungen.

Von Kindern wissen wir, dass Bewegungseinschränkung (eine längere Autofahrt) eine erhebliche Anstrengung darstellen kann. Aus diesem Grunde ist es sinnvoll, regelmäßige Bewegungspausen in den Reiseablauf einzubauen und so den Anforderungen der Stressprävention, Stressabwehr und Stressbewältigung gerecht zu werden.

TIPP

Unter den alltagstauglichen Methoden zur Stressbewältigung steht Bewegung in jeglicher Form an erster Stelle.

Laufen Sie dem Stress davon

Bewegung stellt die körperentsprechende, die physiologische Antwort auf vorangegangene Belastung bzw. Reizeinwirkung dar. Aktive Bewegungsgestaltung ist ein unverzichtbarer Bestandteil des Anti-Stress-Programms. Deshalb mein Rat: Tun Sie das, was Ihnen Spaß macht – Joggen, Walken, Tanzen, Skaten. Es wird Ihnen guttun!

Den Anforderungen eines arbeits- und ereignisreichen Tages kann mit Bewegungsformen wie Gehen/Walking/Intervall-Laufen/Joggen/Aerobic/Tanzen/Gymnastik/Skaten effizient und aus herzkreislauftrainierender Sicht auch äußerst sinnvoll begegnet werden. Im Idealfall ist sogar eine Teil- bis Vollkompensation der durch Stress hervorgerufenen Körperreaktionen möglich.

Übungen zum Abbau von Stress sind nach Jacobsen das Anspannen der Hände und Arme, der Oberarm- sowie Schultergürtelmuskulatur und sukzessives Entspannen der Muskeln. Auf diese Weise kann der Körper innerhalb kürzester Zeit gelockert, entspannt und entkrampft werden.

Spannen Sie in Stress-Situationen die Arm- oder Beinmuskulatur, die verschiedensten Muskelgruppen und Muskelpartien des Körpers an und entspannen Sie sie kurz darauf wieder. Auf diese Weise können Sie unmerklich (!) auch in akuten Belastungssituationen sekundenschnell Stress abbauen und wohlige körperliche Gesamtentspannung erreichen.

Stressprävention, Stressabwehr und Stressbewältigung sind nicht nur in besonderen Situationen, sondern gerade auch im Alltag hervorragend geeignet, die körperliche und seelische Lebensqualität und Leistungsfähigkeit nachhaltig zu verbessern.

Bitte machen Sie an dieser Stelle folgende Übung:

Legen Sie sich auf eine Matte, auf eine Decke oder einfach auf den Fuß-boden. Nehmen Sie die Rückenlage ein, das Gesicht schaut zur Decke. Die Arme liegen leicht angewinkelt neben dem Oberkörper, die Hand-innenflächen sind zur Decke gerichtet, die Beine sind locker gestreckt, die Füße fallen leicht auseinander.

Und jetzt machen Sie Folgendes! Spannen Sie gleichzeitig die Arm- und Fingermuskulatur sowie die Bein- und Fußmuskulatur an. Ballen Sie die Hände zu Fäusten.

Strecken Sie die Zehen/den Vorderfuß zum Fußboden hin (so, als sollten die Zehen den Fußboden berühren!). Jetzt spannen Sie auch ganz kräftig die Schultermuskulatur und die Gesäßmuskulatur an! Dabei atmen Sie möglichst unverkrampft ein und aus, hin und her!

Versuchen Sie, die Spannung zwei Minuten zu halten. Lösen Sie sie dann sukzessive auf, indem Sie zunächst die Fußmuskeln lockern und entspannen, die Bein- und Oberschenkelmuskulatur aber weiter-hin gespannt halten. Machen Sie parallel dazu das gleiche mit der Schultermuskulatur. Lockern Sie den Schultergürtel und die Armmuskulatur, halten Sie aber die Hände und Finger weiterhin gespannt. Lockern Sie dann die Unterschenkel-, Arme- und Handmuskulatur, geben Sie die einzelnen Finger und den Daumen frei und at-men Sie völlig entspannt hin und her, ein und aus.

Die Methode der aktiven Kurzanspannung und Entspannung ist dazu prädestiniert, die Konzentration und Leistungsfähigkeit über rein muskuläre Techniken zu verbes-sern.

Durch die Übungen kommt es über die subjektiv empfundene körper-liche Entspannung hinaus zu einer deutlich verbesserten Durch-blutung. Von ihr sind nicht nur Arme und Beine, sondern der gesamte Organismus betroffen. Dies bedeutet, dass auch dem Gehirn mehr Sauerstoff zugeführt wird und es wieder leistungsfähiger arbeiten kann. Die Übung ist daher besonders bei nachlassender Konzentration und Aufmerksamkeit zu empfehlen.

Mein Tipp

Die muskuläre Tiefenentspannung/Kurzentspannung ist vor einer Kurzübung des autogenen Trainings besonders effektiv, da sie zu einer deutlich gesteigerten Entspannungsfähigkeit führt. Sie optimiert das mentale Training.

Lampenfieber für den Erfolg nutzen

Durch konzentrierte Selbstentspannung lässt sich Stress in positive Energie umwandeln. Eine Vielzahl konzentrierter Gedanken entwickeln sich.

Sie stehen unmittelbar vor einer Prüfung? Es ist normal, wenn Sie »gespannt«, angespannt sind. Das berühmte »Lampenfieber« kann Ihnen sogar helfen, die Leistungsanforderungen zu erfüllen. Um eine maximale Konzentrations- und Leistungsfähigkeit zu erzielen, sollten Sie die Symptome des »Lampenfiebers«, die leichte Beschleunigung des Herzschlags und das Ansteigen des Blutdrucks, für Ihren Erfolg nutzen.

ÜBUNG

Wenn irgend möglich, treten Sie noch einmal ins Freie oder zumindest an ein geöffnetes Fenster, atmen Sie tief ein, spannen Sie, wie in der Liegeübung demonstriert, jetzt aber im Stehen (!), Arme, Hände, Finger, Beine, Füße, Zehen fest an. Nun schließen Sie für einen Augenblick – etwa 2–3 Sekunden lang – die Augen! Dabei atmen Sie bewusst und intensiv ein und aus, hin und her. Sollte es die Situation möglich machen und die Zeit erlauben, schließen Sie eine Kurzübung des autogenen Trainings an. Auch das kann – beim Trainierten jedenfalls – im Stehen erfolgen. Sprechen Sie: **»Ich bin ganz ruhig – vollkommen ruhig! – ruhig, mutig, sicher konzentriert schaffe ich ES!«**

Die kombinierte Übung Ruhetönung plus formelhafte Vorsatzhilfe erfordert minimalen Zeitaufwand und ist in jeder Situation mit gutem Erfolg einsetzbar.

Verharren Sie vor wichtigen Auftritten oder Gesprächen kurz bei dem Gedanken »Ich bin mutig und frei«. Nehmen Sie sich einen Augenblick für diese konzentrierte Versenkung Zeit. Die positive Voreinstellung arbeitet an Ihnen – damit bereiten Sie sich den Weg zu Gelöstheit. Sie besiegen Ihre Aufregung und gewinnen innere Freiheit für selbstbewusstes Agieren.

P

Persönlichkeitstraining

Keine Angst vor der Angst

Beginnen Sie den Tag häufig mit einer ängstlichen Gefühlskonstellation? Sind Sie jemand, der sich vom »fatalen Konjunktiv« fremdbestimmen lässt? Haben Sie bewusst oder unbewusst erfahren, wie sich dies auswirkt? Hat die Angst vielleicht sogar schon so weit Besitz von Ihnen ergriffen, dass häufig Fehlhaltungen und körperliche Symptome aufgetreten sind? Das Wort »deprimere« heißt »niedergedrückt sein«. Ist es so, dass der am Morgen vor Ihnen liegende Tag voller scheinbar unüberwindlicher Hürden ist? Kann es sein, dass Ihr Bauchschmerz, die diffusen Kopfschmerzen, Ihr Gefühl der »zugeschnürten Brust« auf Angst und Depression oder depressive Verstimmung zurückzuführen sind?

Mein Tipp

Alle Angstsymptome bedürfen einer sorgfältigen medizinischen Prüfung. Denken Sie aber immer wieder daran, dass Sie die eigene Aktivität, die Kraft der Gedanken, die positive Selbstbeeinflussung nicht hoch genug einschätzen können.

ÜBUNG

Angst vertreiben
durch die Verknüpfung
positiver Vorsatzhilfen
mit bildlich vorgestell-
ten Angstsituationen

Stellen Sie sich hier und jetzt eine für Sie eher unangenehme, mit
Angst besetzte Situation vor. Um eine möglichst hohe »Empfindungs-
qualität« zu erzielen, ist es sinnvoll, die Augen entspannt zu schließen.
Achten Sie auf eine entspannte Atmung, so dass die körperliche Entspannung den gesamten Organismus erfasst. Schließen Sie die Augen
und denken Sie an eine angstbesetzte, sie traurig stimmende Situation; beobachten Sie, wie diese sich, einem Bilderpuzzle ähnlich, vor
dem »inneren Auge« zusammensetzt. Versuchen Sie der Vorstellung,
auch wenn Sie das »Angstbild« erschreckt oder Ihnen diese Übung
unbehaglich ist, so lange wie möglich standzuhalten. Registrieren Sie
– ohne dadurch irritiert zu sein – alle auftretenden körperlichen
Symptome/Veränderungen, die sich dabei einstellen können, etwa
Schmerzen, die irgendwo auftreten, Verspannungen, eine beschleu-
nigte, unter Umständen flachere Atmung, eine Steigerung der Herz-
frequenz. Sie wissen, Sie haben jederzeit die Möglichkeit, das Bild
»wegzuklicken«. Stellen Sie sich auch akustische und sensorische
Angstreize, die mit Ihrer Vorstellung verknüpft sind, vor. Und nun
blenden Sie das Bild langsam ab. Töne und Empfindungen werden
schwächer. Klar und deutlich steht schließlich die allgemeine Vorsatzhilfe **»Mutig – sicher – schaffe ich ES!«** vor Ihrem inneren Auge.
Beenden Sie die Übung, indem Sie die Muskulatur ein paarmal kräftig
an- und entspannen, tief ein- und ausatmen und schließlich die Augen
wieder öffnen.

Mit Hilfe von Desensibilisierungsübungen gelingt es, sich angstbesetzte Situationen bewusst vorzustellen und darüber einen
souveräneren Umgang mit ihnen zu erreichen.

*Mimik, Gestik, Körper-
haltung – üben Sie es
vor dem Spiegel*

Spiegelübungen

Selbstbewusst freie Reden halten

Machen Sie sich mit folgender Übung vertraut:

Treten Sie vor einen Spiegel, der Ihnen nach Möglichkeit Ihren ganzen
Körper zurückwirft. Wenn Sie in den nächsten Tagen eine Rede oder
einen Vortrag halten müssen, sollten Sie das entsprechende »Outfit«
(die anlässlich der Veranstaltung getragene Vortragskleidung) anziehen.
Auch wenn es Ihnen komisch oder sogar lächerlich vorkommt: Sorgen
Sie dafür, dass Sie alleine im Raum und von äußeren Störeinflüssen
(Telefon, Radio, unerwünschte Besucher) möglichst abgeschirmt sind.
Und nun beginnen Sie! Begrüßen Sie das Auditorium, legen Sie Ihr

TIPP

Mit den Spiegelgesprächen gelingt es, die Konzentrations- und Leistungsfähigkeit bezogen auf freie Rede oder abzulesende Manuskripte zu fördern und zu vervollkommnen.

Anliegen dar, achten Sie dabei auf Ihre Mimik, auf Ihre Gestik, auf Ihre gesamte Körperhaltung! Sprechen Sie klar, deutlich, präzise! Falls Sie ein Manuskript benutzen, nehmen Sie dieses zur Hand und lesen die einzelnen Passagen vor. Schauen Sie dabei immer wieder in den Spiegel, betrachten Sie Ihr Spiegelbild, betrachten Sie sich! Nach einigen Wiederholungen des Spiegelgespräches wird Ihnen die Situation vertraut sein, Einzelheiten werden in den Vordergrund treten, die vorher nicht von Ihnen registriert wurden. Lassen Sie bei einem der Gespräche einen Kassettenrecorder mitlaufen, der Ihre sprachlichen Ausführungen aufzeichnet. Des Weiteren können Sie – falls von Ihnen gewünscht – eine Ihnen vertraute Person als »Publikumsersatz« zu einem der Spiegelgespräche einladen. Aber auch eine Puppe, ein Teddybär, ein anderer Ihnen vertrauter Gegenstand ist geeignet, die notwendige Selbstzentrierung herbeizuführen.

... und der Teddy hört zu

Emotionen ausleben

»Das Herz ausschütten«, sich den Kummer und die Angst »von der Seele reden«, seelischen Druck ablassen, einen »freien Kopf« bekommen – nicht jeder kann das. Auch bei dieser Übung schauen Sie daher in einen Spiegel hinein.

Persönlichkeitszentrierung stärkt das Selbstbewusstsein erheblich

Vorzugsweise sollte bei dieser Form des Spiegelgespräches zunächst das Gesicht betrachtet werden. Stellen Sie ihm folgende Fragen: »Was sagt mir mein Gesicht? Der Ausdruck meiner Augen? Die Gesamtheit meines Gesichtes?« Und nun sprechen Sie mit sich! Sprechen Sie all das aus, was Sie schon lange sagen wollten, sich aber zu sagen nicht getraut haben. Lassen Sie – wenn Sie auftreten – Emotionen zu. Tränen, Wut, Schmerz, Freude, Ärger und Groll. Heben Sie die Stimme, schreien Sie, flüstern Sie, sprechen Sie gewählt und akzentuiert.

Das psychotherapeutische Spiegelgespräch dient Ihrer Seele und befreit den Körper. Es unterstützt die Persönlichkeitsreifung und die Charakterfestigung. Durch die Übung bleiben Konzentrations- und Leistungsfähigkeit in Belastungssituationen erhalten und werden gestärkt. Diese Übung ist keinesfalls lächerlich, hat mit Schauspielunterricht oder Clownerie nicht das Geringste zu tun! Im Gegenteil, hier haben Sie die Möglichkeit, im geschützten Rahmen Ihrer Privatsphäre Ihre »Maske« fallen zu lassen. Sie haben die Möglichkeit, Sie selber zu sein!

Gesprächsführung und Verhandlungstechnik

Durch das »Spiegelgespräch« können Zielsetzungen im beruflichen wie privaten Bereich präzisiert und bestimmter anvisiert werden. Stellen Sie sich vor den Spiegel und konzentrieren Sie sich auf die Fragen: Was will ich erreichen? Was ist mein Gesprächs- oder Verhandlungsziel? Machen Sie dann folgende Übung:

Setzen Sie sich entspannt auf einen Stuhl oder in einen Sessel, schließen Sie die Augen, atmen Sie in Ihrem Rhythmus ruhig hin und her, ein und aus. Stellen Sie sich das Gesicht Ihres Gesprächspartners vor. Versuchen Sie sich an Einzelheiten zu erinnern: Wie ist sein Gesichtsausdruck, wie die Mimik, die Phonetik, wie spricht er?

Und nun tragen Sie Ihr Anliegen vor! Dabei sitzen Sie weiterhin mit geschlossenen Augen ruhig, gelöst, entspannt da. Die Hauptworte, die Hauptinhalte des Anliegens sollten Sie aber durchaus laut formulieren, klar und präzise vorsprechen.

TIPP

Geht es um eine Gehaltserhöhung, sprechen Sie diesen Punkt mutig, sicher, ruhig und mit Argumenten verbunden an, die Ihrer Forderung Rechnung tragen.

Die vertraute formelhafte Vorsatzhilfe **»Mutig – sicher vertrete ich mein Recht!«** kann und soll diese Übung begleiten.

Bleiben Sie noch einen Augenblick ganz entspannt sitzen. Folgen Sie in Gedanken dem Bau Ihres Körpers von Kopf bis Fuß. Achten Sie darauf, dass der Kopf leicht geneigt und die Schulternackenmuskulatur weitgehend entspannt ist. Entspannen Sie auch die Arme, Hände, Finger, Beine, Füße, Zehen sowie den Brustkorb und den Bauch. Atmen Sie ruhig hin und her, ein und aus und lassen Sie noch einmal den Vorsatz »mutig, sicher vertrete ich mein Recht« vor dem inneren Auge erscheinen. Beenden Sie die Übung, indem Sie die Hände zu Fäusten ballen, die Arme und Beine anwinkeln bzw. abgrätschen, bewusst und kräftig ausatmen und dabei die Augen öffnen!

Die Techniken des Spiegelgesprächs, des persönlichkeitszentrierten Gesprächs sowie des Selbstsicherheitstrainings werden für Sie besonders in Belastungssituationen eine große Hilfe zur Selbsthilfe sein.

Die im Gehirn ablaufenden Gedankenprozesse rufen Reaktionen des vegetativen Nervensystems und damit Organreaktionen hervor. Damit kommt der teilweise möglichen Kontrolle des Vegetativums durch mentales Training eine Schlüsselposition zu.

Ohne Maske leben

Sie wissen, was gemeint ist, wenn es heißt: »Ohne Maske leben«? Ist Ihnen bekannt, wie oft im Alltag, in alltäglichen Lebenssituationen (un)bewusst eine Maske aufgesetzt, eine Maskerade getragen wird?

Ein starkes Ich braucht keine Maske

Selbstverständlich gibt es viele Situationen, in denen es sinnvoll und notwendig ist, »nicht mit der Tür ins Haus zu fallen« und Zurückhaltung zu üben. Auf der anderen Seite ist es so, dass eine »Persönlichkeitsmaske«, wird sie dauernd getragen, eine allmähliche Persönlichkeitsveränderung herbeiführen kann. Diese wird von einem selbst oft gar nicht registriert. Letztlich führt sie dazu, dass man nicht mehr der ist, der man eigentlich ist! Viele Prozesse, die mit dem Tragen der

Maske und der damit verbundenen Verhaltensänderung zusammenhängen, laufen im Gehirn ab.

Vorsicht! Aus lauter Angst, das »wahre Gesicht zeigen zu müssen«,
aus Furcht, Gefühle zuzulassen, aus Besorgnis, all dies könne zum
persönlichen Nachteil gereichen, kann nach und nach aus »prakti-
schen Erwägungen« heraus ein zunehmend fremdbestimmtes und
maskiertes Leben an die Stelle der eigenen Lebensbedürfnisse treten.
»Könnte ich doch wieder ich selbst sein!« ist ein häufiger Wunsch,
wenn das fremde Ich von einem Besitz ergriffen hat.

Wünsche entstehen dort, wo Verhaltensänderung beginnt:
im Kopf! Stärken Sie Ihre Persönlichkeit durch Konzentration
auf Ihr Selbst, durch konzentrierte Selbstbeeinflussung und
formelhafte Vorsatzhilfen. Ihr Leben wird dadurch positiv,
authentisch, wahr.

Mein Tipp

Man leidet nicht nur selbst unter der Maske, letztendlich werden
Charakter und Persönlichkeit honoriert – im privaten ebenso wie im
geschäftlichen Bereich. Die wahre, echte Persönlichkeit ist über-
zeugender als jegliche Maskerade.

Das heißt nicht, dass es nicht auch immer wieder Situationen gibt, in
denen Zurückhaltung oder auch die bewusst aufgesetzte Maske sinnvoll und hilfreich ist. Unser Gehirn, die Fähigkeit, sich über Vorstellung,
Einstellung und Umstellung auf einzelne Gegebenheiten einzustellen,
gibt uns die Möglichkeit, souverän mit Maskeraden umzugehen. So
können durch eine kontrolliert und vorsichtig aufgetragene Maske Kon-
flikte vermieden und Stress vorgebeugt werden. Die Maxime, der Leit-
faden für das tägliche Leben sollte jedoch sein, der Wahrheit mutig zu
folgen, Ehrlichkeit zu zeigen und zur eigenen Persönlichkeit zu stehen.

Masken sind
kein Ersatz für
Persönlichkeit

Bitte machen Sie nun folgende Übung:

Nehmen Sie ein Blatt Papier und schreiben Sie Charaktereigenschaften von sich auf, die Sie positiv oder negativ bewerten. Konzentrieren Sie sich, nachdem Sie Ihre Hauptcharaktereigenschaften niedergeschrieben haben, mehr und mehr auf individuellere, feinere Nuancierungen Ihrer Persönlichkeit. Skizzieren Sie Situationen, in denen Sie wissentlich eine Maske aufgesetzt und geschauspielert haben. Schließen Sie jetzt für einen Augenblick die Augen und stellen Sie sich diese Situationen noch einmal ganz genau bildlich vor. Konzentrieren Sie sich auch auf scheinbar belanglose Nebensächlichkeiten. Machen Sie sich an dieser Stelle bewusst, wann, wo, wie und warum Sie Ihre persönliche Maskeraden einsetzen. Am Ende der Übung überlegen Sie noch einmal, ob und in welchem Maße Maskierungen für Sie wirklich notwendig sind und in welchen Fällen in Zukunft mehr Mut zur Wahrheit möglich und sinnvoll sein könnte. Atmen Sie im ruhigen Rhythmus hin und her, ein und aus, räkeln und strecken Sie sich jetzt wieder, öffnen Sie die Augen und betrachten Sie wieder bewusst den vor Ihnen liegenden Zettel mit den niedergeschriebenen Charaktereigenschaften. Beurteilen Sie sich nun neu.

Auch Bilder, die jeder von sich selbst hat, bedürfen immer wieder einer Revision

Die Empfehlungen mögen Ihnen fremd, belanglos oder irrelevant erscheinen. Gleichzeitig mögen Sie sich auch fragen, wo der Zusammenhang mit Konzentration, Leistung und Gedächtnis zu sehen ist. Doch vergegenwärtigen Sie sich:

Eine runde, eine reife Leistung ist mit der Fähigkeit, sich auf das Wesentliche zu konzentrieren, verbunden. Eine zielgerichtete und wahrheitsliebende Lebensführung ist daher eine wichtige Voraussetzung für Erfolg.

Visionen entwickeln

»Guten Morgen, liebe Sorgen, seid ihr auch schon alle da!« Diese Schlagerzeile charakterisiert mit wenigen Worten die Grundeinstellung der meisten Menschen. Im Schlager beginnt der Tag mit unüberwindbaren Hürden. Eine andere, dem völlig entgegengesetzte Einstellung spricht hingegen aus dem den Südwestfunkhörern noch vertrauten Morgenspot: »Guten Morgen! Positiv sollten Sie den Tag beginnen!« Aus psychologischer oder psychotherapeutischer Sicht wird hier bewusst die positive Tageseinstellung, die positive gedankliche Führung in den Vordergrund gestellt. Dies ist umso bedeutsamer, als mit Hilfe eines nicht aufgesetzten, sondern verinnerlichten positiven Denkens der Tag, die Anforderungen des Alltags und damit des täglichen Lebens besser bewältigt werden können. Damit keine Missverständnisse entstehen. Es soll hier nicht einer wie auch immer gearteten »Esoterik-Schiene« das Wort geredet werden. Es nützt gar nichts, die Fensterscheibe rosarot anzumalen, wenn dahinter noch das Grau zutage tritt. Es nützt gar nichts, sich mittels befehlsartigem, imperativem Denken auf positive Gedankeninhalte einzustellen, wenn diese nicht verinnerlicht wurden und auch umgesetzt werden können. Sorgen, Ängste, Befürchtungen, Nöte gehören zu unserem Leben und nehmen vielfältig, auch positiv Einfluss darauf. Denken bestimmt unser Handeln und die Art des Denkens oder vielmehr die Persönlichkeitsstruktur, sei sie nun eher optimistisch oder eher pessimistisch geprägt, hat auch direkte und nachweisbare Auswirkungen auf unser Immunsystem. Neben vielen anderen Faktoren (allgemeine Lebensführung, Umweltbedingungen, Ernährung, Erbanlagen und vieles mehr) spielt die Art und Weise, wie wir im Wesentlichen denken, eine herausragende Rolle für unsere

Positives Denken stimuliert die Leistungsfähigkeit des Gehirns

TIPP

Sorgen sollen im Denken und damit später auch im Handeln nicht zu Blockierungen führen. Eher zum Ziel führt, nach der freien Entfaltung der Persönlichkeit zu streben. Positives Denken kann dann tatsächlich die berühmten »Berge versetzen«.

Mal richtig ausgelassen und fröhlich sein – das ist eine große Kraftquelle

Gesundheit und Leistungsfähigkeit. Medizinische Untersuchungen belegen, dass ein Mensch, der aus innerer Überzeugung heraus überwiegend positiv denkt und sich weniger von Zwängen und unnötigen Ängsten in seiner Lebensführung einschränken lässt, bei Auswertung seines Immunsystemstatus deutliche Vorteile vorzuweisen hat. Diese Tatsache ist auch eine Erklärung dafür, dass Menschen mit ernsten Erkrankungen und einer wissenschaftlich vorgegebenen durchschnittlichen Prognose ihrer Lebenserwartung höchst individuelle Krankheitsverläufe haben und ihr Befinden deutlich unterschiedliche Qualitäten aufweist.

Positive gedankliche Führung entlastet den Gesamtorganismus; negatives Denken tangiert, belastet und bedrückt

»Bedrückung« kann sich bemerkt oder unbemerkt allmählich als Niedergeschlagenheit und depressive Verstimmung bis zur Depression bemerkbar machen. Kaum wahrnehmbar und schleichend können negative Gedanken Körper und Seele des Menschen vergiften. Im Grenzbereich der depressiven Verstimmung mit vielfältigsten körperlich-seelischen Reaktionen ist, anders als beim Krankheitsbild der manifesten Depression, eine Eigenbehandlung sinnvoll und Erfolg versprechend. Erste Schritte sind das positive Denken und die damit verbundenen Handlungsweisen. Entscheidend dabei ist, dass das positive Denken aus einer inneren Einstellung resultiert. Daher ist an dieser Stelle ein ganz wesentlicher Begriff zu nennen, nämlich Freude!

Sie kennen doch den Kanon »Froh zu sein bedarf es wenig, und wer froh ist, ist ein König!«. In diesen wenigen Worten liegt tatsächlich ein Schlüssel zu einer ausgeglichenen und erfüllten Lebensführung.

Mein Tipp

Sich freuen können! Fröhlichkeit zu erleben und zuzulassen! Alle Dinge des Alltags mit Freude, mit Leben erfüllen: Die kleinen alltäglichen Freuden sind positive Stressoren, positive Reize. Sie stabilisieren die Persönlichkeit und stimulieren den Geist.

Freudige Ereignisse oder Vorfreude, die ja bekanntlich die schönste Freude sein kann, führen zu einem Anstieg der T- und B-Lymphozyten, die für ein starkes Immunsystem von entscheidender Bedeutung sind. Aber auch das Hormonsystem, Enzymreaktionen, über das vegetative Nervensystem gesteuerte Organreaktionen werden durch positive Stressoren aktiviert und positiv beeinflusst.

Stellen Sie sich – bei geschlossenen Augen – »Glück« vor. Lassen Sie Bildinhalte vor dem »inneren Auge« erscheinen, die mit diesem Begriff – Glück – korrelieren. Und nun verknüpfen Sie »Glück« mit dem Wort »froh«. »Frohglück«. Betrachten und bedenken Sie dieses Kunstwort zum Abschluss der Übung konzentriert. »Froh« und »Glück«. Bleiben Sie einen Augenblick dabei und lassen Sie Glücksbilder, seien sie nun

Finden Sie das Glück – besser noch das Frohglück!

optischer oder akustischer oder anderer sensorischer Art, an sich herantreten.

Genießen Sie diese Augenblicke des Glücks und der Fröhlichkeit. Haben Sie genug vom Glück getrunken, dann öffnen Sie die Augen wieder. Sie werden erstaunt sein, wie wohl Sie sich fühlen, zufrieden, entspannt, ja einfach glücklich.

Und was ist, wenn keine fröhlichen, keine glückbesetzten Bilder aufgetaucht sind? War dann diese Übung vergeblich, gibt es dann Anlass zur Sorge? Aus der Wortwahl können Sie schon entnehmen: Nein. Natürlich nicht. Es wäre auch, je nachdem, welchem Grundcharaktertyp Sie angehören, eher unwahrscheinlich, wenn die gesuchten Bild-

Genießen Sie
Ihre Glücksbilder

einstellungen völlig problemlos abrufbar wären. Sie können jedoch daran arbeiten und mit der Kraft Ihrer Gedanken, die unermesslich stark ist, die Schranken der (un)bewusst auferlegten Zwänge durchbrechen und im freien Gedankenflug zu neuen Ufern des Glücks aufbrechen.

Mein Tipp

> Positiv denken, positiv handeln bedeutet, die »Kraftquelle Gehirn« mit der nie versiegenden Flut der Gedanken effizient zum eigenen Wohle und zum Wohle der Mitmenschen zu nutzen. Wie ein Spiegel reflektieren andere unsere Ausstrahlung. Positives Denken führt damit zu einer Harmonisierung, zu einer gesteigerten Leistungs- und Konzentrationsfähigkeit im Alltag.

Astrid hat Angst

Astrid kam wegen »diffuser Angstgefühle«, die immer häufiger zu regelrechten Angstanfällen führten, zu mir. Ihre körperlichen Symptome waren Schweißausbrüche, Zittern, Konzentrationsschwierigkeiten sowie Magenschmerzen.

Von der Vorgeschichte ihrer deutlichen Befindlichkeitsstörung ist bedeutsam, dass Astrid sich vor einiger Zeit von ihrem Mann getrennt hatte, jedoch immer noch in einer Konfliktsituation lebte: sie wurde bei Tage wie nachts von Telefonanrufen ihres Ex-Mannes aufgestört. Der Telefonterror führte zu Astrids zuerst auf den Auslöser gerichteter Angst – ihrer Telefonphobie –, doch hatte diese nach und nach ihr Verhalten auf ihre gesamte Umwelt verändert. In jeder erdenklichen Situation und wie aus heiterem Himmel konnte die Angst von Astrid Besitz ergreifen. Astrid griff zu Medikamenten, die Beruhigung versprachen und begann, sich von ihrer Umwelt abzuschirmen. Beides

Angstursachen sollten mit anderen Mitteln als Medikamenten beseitigt werden!

führte nicht zur Lösung ihrer Angstgefühle. Im Gegenteil: Durch die Medikamente glaubte Astrid erst recht, ernstlich gefährdet zu sein – sie fürchtete sich vor ihrer Angst und ihr Verhalten begann zwischenmenschliche Beziehungen zu beeinträchtigen. Astrid isolierte sich durch ihre Angst-Vermeidungsstrategien immer mehr. Dies belastete sie bei der Arbeit und begann sich auch negativ in ihrem privaten Umfeld auszuwirken. Mit einmal schien ihr soziales Leben hochgradig gefährdet. Astrid brauchte Hilfe.

Durch die fünf Übungen des autogenen Trainings kann die Persönlichkeit gefestigt und eine Gefühlsbalance hergestellt werden

Ich begann Astrids Angsttherapie mit Übungen zur Desensibilisierung, da sie inzwischen völlig unkontrolliert allerorts auf Telefonklingeln mit Angst reagierte. Ich empfahl ihr, sich dem angstbesetzten Reiz des Telefonklingelns bewusst auszusetzen und mittels der Techniken der konzentrierten Selbstentspannung das Reaktionsmuster allmählich aufzulösen. Die Reizschwelle sollte wieder erhöht werden.

In das Desensibilisierungsprogramm wurden formelhafte Vorsatzübungen integriert. Für Astrid wurde gemeinsam der Leitsatz »Ich bin und bleibe ruhig – mutig greife ich zum Hörer, ich bin und bleibe gelassen« erarbeitet.

Zur Stabilisierung und Stärkung der Persönlichkeit entschloss sich Astrid zu einer Gesprächstherapie – d. h. dazu, offen über ihre Angst sprechen zu lernen. Dieses Therapieziel war von herausragender Bedeutung, da sich in Astrids privatem Leben keine Veränderung abzeichnete – ein Ende des Telefonterrors war nicht zu erwarten.

Angstfrei durch Vorsatzhilfen, Desensibilisierung und Gespräche über die Angstursache

Umso wichtiger war es, einen gangbaren Weg für sie zu finden.

Für Astrid konnte mit der systematischen Desensibilisierung hinsichtlich des Telefonklingelns sowie einer leichten Gefühlsabschirmung mittels Johanniskrautpräparaten, durch Vorsatzhilfe, autogenes Training und Gespräche ein zufriedenstellender Therapieerfolg erzielt werden.

Die Fähigkeit, sich zu öffnen, sich mitzuteilen und sich dabei den Konflikt und die Angst im wahrsten Sinn des Wortes »von der Seele zu reden« führten schließlich zum Sieg über die Angst – und den störenden Telefonanrufen.

Konzentrierte Selbstentspannung, Angstlösung und Problembewusstsein helfen, eine Klärung des Selbst herbeizuführen und darüber eine positive Lebenseinstellung zu finden. Übungen des autogenen Trainings helfen, eine stärkere Persönlichkeit auszubilden. Das wirkt sich wiederum positiv im Leben aus. Aggressionen werden abgebaut und zwischenmenschliche Beziehungen verbessert.

Dem Angstauslöser ein Schnippchen schlagen: Wo Reden Gold wert ist ...

Eine reife Persönlichkeit kann sich besser gegen Stress schützen. Jede/r kann sie entwickeln.

Sauerstoff, Brainfood, Bewegung und Schlaf

Lebenselixier Sauerstoff

Jeder von uns hat folgende Situation schon einmal erlebt: Eine Autofahrt zieht sich, eine Konferenz scheint »endlos lang« zu sein, verbrauchte Luft und andere belastende Anforderungen wie das Betrachten von Diapositiven im abgedunkelten Raum machen müder und müder. Passives Zuhören, Zigarettenqualm, monotone Geräuschkulissen tun ihr Übriges und schränken die Konzentrations- und Leistungsfähigkeit schleichend ein.

Auf das Unbewußte einwirkende suggestive Einflüsse (siehe Hypnose!), wie etwa das monotone Geräusch des Motors bei der Fahrt auf der Autobahn, das regelmäßige Aufleuchten der Begrenzungspfähle am Fahrbahnrand oder die Intervallschaltung des Scheibenwischers, können in einer Phase relativer Erschöpfung den gefürchteten Sekundenschlaf auslösen.

Sekundenschlaf kann lebensbedrohlich sein

Was während der Autofahrt lebensgefährlich ist, kann in vielen täglichen Situationen äußerst störend sein und im privaten wie beruflichen Leben unangenehme Folgen nach sich ziehen.

Vitalitätstraining
für das Gehirn

Das Organsystem Gehirn ist wie kein anderes auf eine regelmäßige effiziente Sauerstoffzufuhr und Bereitstellung von Energie angewiesen. Die Verringerung des Sauerstoffgehalts der Atemluft macht sich mit subjektiv sehr häufig nicht wahrgenommenen massiven Störungen der Konzentrations- und Leistungsfähigkeit bemerkbar.

Ab einer Höhe von ca. 2500 m über dem Meeresspiegel sind im Zusammenhang mit verschiedenen Erkrankungen Ausfälle der Hirnleistungsfähigkeit beobachtet worden, in einer Höhe von über 6000 m über dem Meeresspiegel ist eine zusätzliche Sauerstoffgabe unbedingt erforderlich.

Tests zeigen,
wieviel Sauerstoff
unser Gehirn benötigt,
um optimal
zu funktionieren

Versuche in sogenannten Druckkammern, in denen zu wissenschaftlichen Forschungszwecken der Sauerstoffpartialdruck sukzessive erniedrigt wird, zeigen nachhaltig, wie sich nach einer kurz anhaltenden Euphorie schlagartig Müdigkeit, verbunden mit der Unfähigkeit, Maschinen zu bedienen, einstellt.

Die Kenntnis dieses Sachverhalts ist von äußerster Wichtigkeit und sollte für ein gezieltes Gehirntraining genutzt werden.

• Unterbrechen Sie die Autofahrt spätestens nach ca. 2 Stunden und führen Sie 10 Minuten lang Lockerungsgymnastik mit Atemübungen durch. Ist Ihnen dies nicht möglich, senken Sie vorübergehend die Raumtemperatur des Wageninneren deutlich ab und führen Sie durch die geöffneten Fenster Frischluft zu.

• Kurzes Gehen, Frischluft, das bewusste Atmen und damit verbunden die verstärkte Sauerstoffaufnahme erhöhen augenblicklich die Konzentrations- und Leistungsfähigkeit. Sie stellen daher bei Tagungen, Konferenzen oder längeren Gesprächen sinnvolle Unterbrechungen dar.

• In bestimmten Fällen (bei Atemwegserkrankungen/Herzerkrankungen) kann es unter Umständen hilfreich sein, mehrfach am Tag

5–10 Minuten lang reinen Sauerstoff über eine Sauerstoffflasche oder Sauerstoffapparatur aufzunehmen.

- Vermeiden Sie das Inhalieren von Zigarettenrauch und damit die (aktive oder passive) Aufnahme von Kohlenmonoxyd.

> Sauerstoff ist für alle Zellfunktionen unseres Organismus unverzichtbar. Der Sauerstoffversorgung des Gehirns sollte absolute Priorität beigemessen werden.

Mein Tipp

Nahrung für die grauen Zellen

Zur reibungslosen Funktion der Gehirnzellen gehört eine kluge Ernährung. Besonders in außergewöhnlichen Belastungssituationen wie einer längeren Prüfungsvorbereitung, der Zeit nach einer Krankheit, während Schwangerschaften und in Stillzeiten, aber auch bei heran-

Brainfood: Getreide, tierische Eiweiße und Spurenelemente wie jodiertes Speisesalz

wachsenden Kindern sollte auf eine ausgewogene
Ernährung geachtet werden.

Modernen, heute gültigen ernährungswissenschaft-
lichen Richtlinien folgend, sollte unsere Ernährung zu
ca. 60 % aus Kohlenhydraten bestehen, zu ca. 30 %
aus Halbfetten und zu ca. 10 % aus Eiweißen.

Bedingt durch unsere heutigen Ernährungsgewohnheiten fehlt dem
Körper in vielen Fällen das Vitamin B. Dieser Mangel kann durch eine
bewusstere Ernährung mit Vitamin-B-Komplexen behoben werden.

Mein Tipp

Für gute Gehirnleistung sind Vitamine besonders wichtig. Dabei ist der Vitamin-B-Komplex, die sogenannten neurotropen
Vitamine, von besonderer Bedeutung.

Wo Vitamin B enthalten ist: Vollkorngetreide, Sojabohnen, Eier,
Milch, Fleisch und Fisch.

Ebenso unverzichtbar für unsere Gehirnzellen sind Spurenelemente
wie Selen, Zink und Jod. In der Kindheit nicht erkannter Jodmangel
oder eine auf Jodmangel zurückzuführende Schilddrüsenfunktions-
störung kann eine nie wieder gutzumachende Schädigung der zerebralen Leistungsfähigkeit hervorrufen. Neben dem Verzehr von See-
fisch ist daher die tägliche Jodzufuhr über jodiertes Speisesalz sinnvoll.
Zu den Hauptenergielieferanten zählen neben den Eiweißen die
Kohlenhydrate.

Das deutsche Standardfrühstück Weißmehlbrötchen,
Butter, Konfitüre, Honig und Kaffee ist ernährungsphysiologisch hinsichtlich einer Verbesserung der
Konzentrations- und Leistungsfähigkeit eher negativ
einzustufen. Durch die Bereitstellung isolierter Koh-

lenhydrate/Zucker steigt zwar der Glukose-(Blutzucker-)Spiegel im Blut schnell an, doch auf ihn folgt ein sehr schneller Abfall, der mit erheblichen Konzentrationsschwierigkeiten einhergeht.

Das Brain-Frühstück

Prüfungskandidaten und Menschen, die verstärkt unter Konzentrations- und Leistungsschwankungen leiden, sind gut beraten, das genannte Standardfrühstück zu verändern oder wenigstens durch eine entsprechende Kombination mit Getreideerzeugnissen und Quark/ Milch/Joghurt aufzuwerten. Das berühmte Müsli etwa stellt durch

Frische Früchte mit Joghurt beleben den Geist am Morgen

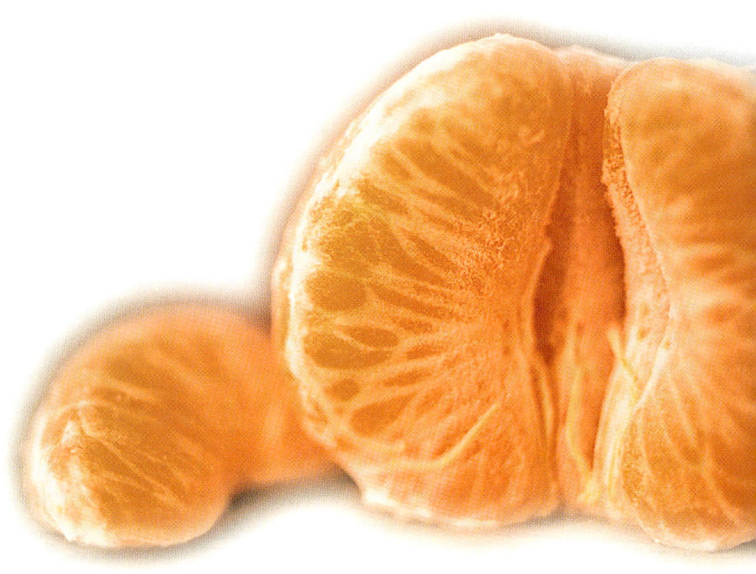

Durch Vollkorn-Müsli mit Früchten und 100g Speisequark mit 18g reinem Eiweiß wird ca. 1/4 des notwendigen täglichen Eiweißbedarfes (0,8g/kg Körpergewicht Eiweiß) aufgenommen!

langsam anflutende Kohlenhydratträger wie Vollwertgetreide sowie hochwertige, leicht verdauliche Eiweißträger eine ideale Ergänzung dar. Die Zugabe von frischen Früchten ermöglicht eine weitere Nahrungsaufwertung durch die damit verbundene Aufnahme von Fruchtzucker, Elektrolyten, Spurenelementen und Vitaminen. Aufgrund der Vielfalt des vorhandenen Angebotes an Früchten gibt es viele Variationsmöglichkeiten für ein energiereiches Frühstück – auch hinsichtlich des Geschmackserlebnisses und des optischen Eindrucks.

Das Beispiel zeigt, dass eine ausgewogene Ernährung nicht mit großem Aufwand verbunden ist. Es gibt zahlreiche individuelle Möglichkeiten, durch bewusste Ernährung die Gesundheit zu erhalten oder zurückzugewinnen und in besonderen Belastungssituationen eine optimale Unterstützung der Hirnfunktionen zu gewährleisten. »Ein voller Bauch studiert nicht gern!« Diese aus der Sprichwortsprache bekannte Volksweisheit verweist knapp und präzise auf die wesentlichen Empfehlungen für eine Ernährung zur Optimierung der Gehirnleistung.

Schnelle Energiezufuhr zwischendurch

- Nehmen Sie unmittelbar vor oder, wenn prüfungstechnisch möglich, während der Prüfung schnell anflutende Kohlenhydratträger zu sich. Dies kann Frischobst sein (besonders Weintrauben, Mandarinen, Aprikosen) oder konzentrierte Glukoseträger wie schokoladehaltige Erzeugnisse, Fruchtzucker oder Produkte mit Traubenzucker.

- Auch das sogenannte Studentenfutter – eine Mischung aus Nüssen, getrockneten Früchten und Getreidebestandteilen, trägt dem Leitgedanken Rechnung, dem Gehirn zur Leistungssteigerung schnell anflutende und nicht belastende Lebensmittel als Energieträger zuzuführen.

Nüsse oder reine Nussmuserzeugnisse sind Brain-Power-Stoffe. Besonders Mandeln, aber auch Cashewnüsse, Paranüsse, Walnüsse und Haselnüsse wirken positiv auf gute Gehirnleistungen. Sie enthalten alle das für zerebrale Leistungen wichtige Lezithin.

TIPP

Besonders Nüsse oder reine Nussmuserzeugnisse sind Brain-Power-Stoffe.

Flüssigkeit: Wasser- und Energy-Drinks

Eine reichliche und regelmäßige Zufuhr von Flüssigkeit (Wasser) ist für den Gesamtorganismus und damit auch für das Gehirn unerlässlich. Flüssigkeitsmangel schränkt die zerebrale Leistungsfähigkeit ein. Besonders auch älter werdende Menschen, die oft ein geringeres Durstempfinden haben, sollten auf ausreichende Versorgung mit Flüssigkeit achten.

Flüssigkeit und die darin enthaltenen Elektrolyten und Spurenelemente fördern die Hirnfunktionen nachweislich.

TIPP

Flüssige Nahrungsergänzungen wie »Energy-Drinks«, besondere Kombinationen von in Flüssigkeiten enthaltenen Spurenelementen, Vitaminen und Mineralstoffen, Aminosäuren u. a. unterstützen eine optimale Prüfungsvorbereitung.

Für die ausreichende Versorgung des Körpers mit Flüssigkeit sind neben der richtigen Selbstversorgung in Einzelfällen ärztlicher Rat und ärztliche Empfehlungen einzuholen. Dies gilt besonders bei Stoffwechselerkrankungen wie dem Diabetes mellitus/Juvenila Diabetes. Wie der Name schon sagt, tritt diese Erkrankung auch bei jüngeren Menschen sehr häufig auf. Sie erfordert gerade bei Leistungsanforderungen eine effiziente Behandlung (in diesem Fall Diabetes-Einstellung!), um leistungsfähig, fit und aktiv sein zu können.

Brainfood-Ernährungsfahrplan

• Statt der häufig belastenden drei Hauptmahlzeiten sollten Sie mehrere kleinere Mahlzeiten über den Tag verteilt einnehmen. Achten Sie dabei besonders auf ein ausgewogenes Verhältnis von frischem Obst, Gemüse, Getreide- sowie Milchprodukten.

• Essen Sie am Abend vor der bevorstehenden Prüfung in Ruhe und nicht zu spät. Achten Sie auf die allgemeinen Empfehlungen betreffend belastender Nahrungsmittel und folgen Sie sonst Ihren persönlichen Essgewohnheiten und Vorlieben.

*Flüssigkeit ist für
die Gehirnfunktion
unerlässlich*

- Trinken Sie reichlich, wobei gegen ein alkoholisches Getränk wie ein Glas Wein oder Bier nichts einzuwenden ist. Vermeiden Sie anregende Getränke.
- Für das Frühstück vor einem wichtigen Termin oder einer Prüfung – wenn es in diesem Fall auch nur die berühmte Kleinigkeit sein soll – sollten Sie sich unbedingt mindestens 15 Minuten Zeit nehmen. Ergänzen

TIPP

Zwingen Sie sich nie, bestimmte Speisen einzunehmen, wenn Sie diese mit einer persönlichen Abneigung verbinden.

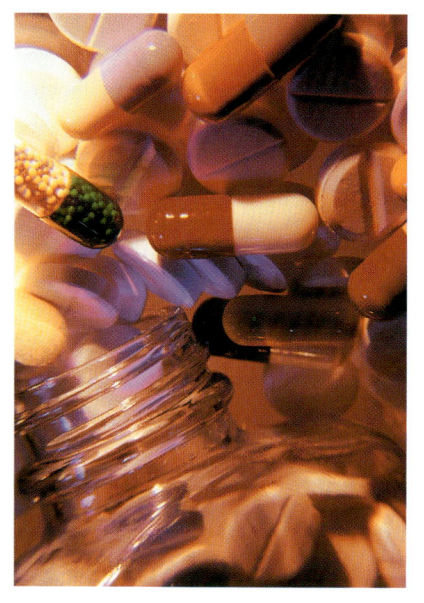

Sie ihre Standardgetränke (Kaffee oder Tee) mit einem frischgepressten Orangen- oder Grapefruitsaft! Damit werden neben Vitaminen und Mineralien wichtige Fruktose (Fruchtzucker) zugeführt. Sollte »der Magen wie zugeschnürt sein«, können frische Früchte – appetitlich arrangiert! – als »Starter« hilfreich sein. Quark/Müsli/Getreideprodukte oder auch andere Eiweißträger wie Joghurterzeugnisse sind ernährungsphysiologisch sinnvoll und damit empfehlenswert.

- Stellen Sie sich ein ausgewogenes »zweites Frühstück« in ansprechender und Ihren Ernährungsgewohnheiten entgegenkommender Form zusammen. Herzhaft belegte Brötchen oder Brote (jedoch nicht zu fett), Gemüse wie Möhrensticks, Gurkenstückchen, Radieschen sowie Nüsse in Kombination mit Frischobst oder getrocknetem Obst wie Weinbeeren stellen eine optimale Zwischenmahlzeit dar.
- Vermeiden Sie sehr fettreiche oder massiv kohlenhydratüberschüssige Speisen, um die zerebralen Funktionen nicht zu beeinträchtigen. Denken Sie daran: Bewusste und gesunde Ernährung ist ein persönlicher Schlüssel zur körperlich-seelischen und geistigen Gesundheit. Schaffen Sie daher eine Balance zwischen Ihren Vorlieben und dem, was Ihrem Körper guttut.

Für die zerebrale Leistungsfähigkeit sowie die körperliche Fitness ist eine ausgewogene Ernährung von herausragender Bedeutung. Folgen Sie jedoch neben den allgemein gegebenen Empfehlungen auch Ihren persönlichen Ernährungswünschen.

Energie durch Pillen?

Gibt es sie, die Wunderdroge? Den pharmakologischen »Nürnberger Trichter«? Das universelle Allheilmittel bei nachlassender zerebraler Leistungsfähigkeit?

Aus der Fragestellung können Sie die Beantwortung schon herauslesen: Trotz intensiver Forschungen – besonders auch im Zusammenhang mit degenerativen Erkrankungen des Gehirns wie der Alzheimer Erkrankung – ist es leider bisher nicht möglich gewesen, ein kausal wirkendes Medikament zu entwickeln. Von einigen Arzneimitteln, auch und gerade aus dem Bereich der sogenannten Naturheilmedikamente (Phytopharmaka), gilt allerdings als gesichert, dass sie die Gesamtfunktion und damit das Zusammenarbeiten des »Zellverbandes Gehirn« verbessern können. Durch neueste technische Untersuchungsverfahren, wie die Positronen Effluoreszenztomographie (PET), kann unter Einwirkung von Drogen (Medikamenten), aber auch psychischen Reizen, eine gesteigerte Aktivität der einzelnen Gehirnzellen festgestellt werden.

Der Körper ist ein natürlicher Energielieferant. Bei Energieblockaden hilft das autogene Training mehr als jedes Präparat, das Power und Energie verspricht.

Leistungsstärke durch Naturmedikamente

Von den Medikamenten, die eine gesteigerte Hirnaktivität im guten Sinne hervorrufen können, sind aus der Gruppe der Phytopharmaka besonders Gingko und Johanniskraut hervorzuheben.

Gingkobiloba (zweiblättriger »Baum der Weisheit«) und aus Gingkobiloba gewonnene Medikamente sind auch bei Gehirnstörungen effizient und haben seit Tausenden von Jahren ihren festen Platz in der Erfahrungsheilkunde. Besonders im asiatischen Raum wird dem Gingkobaum höchste Ehrerbietung zuteil. Neuere klinische Studien belegen die Wirksamkeit von Gingko zur positiven Beeinflussung der Hirnfunktionen.

Gingkobiloba

Gleiches gilt für Johanniskraut (Hypericum perforatum), wobei mit diesem Naturheilmedikament neben einer leichten Abschirmung (Sedierung) auch eine positive Gefühlsbeeinflussung (antidepressive Wirkung) erzielt wird. Johanniskrautpräparate sind demnach bei einer Disstress bedingten Überlastung des Gesamtorganismus für medikamentöse Therapien der ersten Wahl zu empfehlen. Dieser Tatsache kommt besondere Bedeutung zu, da nach zusammenfassender Würdigung aller vorliegenden Erkenntnisse eine körperliche Abhängigkeit von Johanniskrautpräparaten bisher nicht beobachtet worden ist.

Johanniskraut bringt das Lächeln zurück – es ist ein wirksames Mittel gegen depressive Verstimmungen.

Verglichen mit vielen anderen Medikamenten stehen sie damit als unbedenkliche medikamentöse Therapiehilfe zur Verfügung. Neben der stimmungsaufhellenden (antidepressiven) Wirkungsweise ist die Angst lösende anxiolytische Komponente des Wirkstoffs Hypericin im Johanniskraut hervorzuheben. Gerade wegen der Angst lösenden Wirkung können alle vorgestellten Medikamente als sogenannte »Brückenmedikation« zur Eigenbehandlung von durch Angst ausgelösten Konzentrations- und Gedächtnisstörungen herangezogen werden. Ihr Einsatz ist unbedenklich und empfehlenswert.

TIPP

Zu empfehlen: Johanniskraut bei Disstress oder Angst

Eine weitere, in Europa bisher weniger bekannte naturheilkundliche Substanz stellen die so genannten Kava Kava-Präparate dar. Im südpazifischen Raum seit Jahrtausenden als wirksame Naturarznei bekannt, ist der Wirkstoff Kava-Kavapyrin in den letzten Jahren auch in den Ländern der westlichen Welt als praktisch nebenwirkungsfreies Mittel zur Behandlung leichtgradiger depressiver Verstimmun-

Kava Kava

gen sowie von Angststörungen in den Vordergrund des Interesses getreten.

Zusammenfassend stehen zur Eigenbehandlung von Gedächtnis- und Konzentrationsschwächen sowie Angst mit Gingkobiloba, Johanniskraut und Kava Kava wertvolle und praktisch nebenwirkungsfreie Naturarzneimittel zur Verfügung.

Tranquillizer & Co

Es würde den Rahmen dieses Buches sprengen, detailliert und im Einzelnen auf die Wirkungen und Nebenwirkungen von Tranquillizern, Psychopharmaka und trizyklischen Antidepressiva einzugehen. Generell jedoch ist davon auszugehen, dass sich diese Medikamente abgesehen von sehr eng umschriebenen Einsatzgebieten (Indikationen) nicht dazu eignen, angstbesetzte, mit leichten Verstimmungszuständen einhergehende Befindlichkeitsstörungen und darüber hinausgehende Symptome sowie Leistungsschwächen zu beheben. Die schon bei kurzfristiger Einnahme bestehende Gefahr einer physischen Abhängigkeit sei nur flankierend erwähnt. Einzelheiten bezüglich der Wirkungen sollten im Gespräch mit dem behandelnden Arzt abgeklärt werden. Als pharmakologische »Brückenmedikation« bei Konzentrations- und Leistungsstörungen ist von den Substanzen abzuraten. Gleiches gilt für sogenannte Schlafmedikamente. Abgesehen von sehr eng umschriebenen Einsatzgebieten/Indikationen kann auch hier ein Dauergebrauch der Gesundheit entgegenwirken.

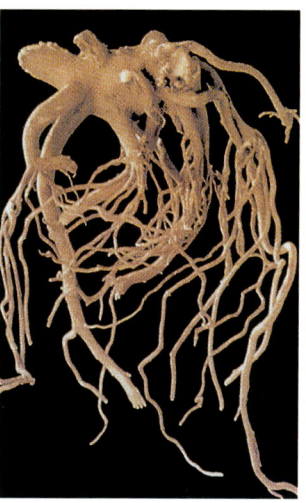

Kava Kava-Wurzelstock

Vorsicht vor künstlichen ›Muntermachern‹!

Vorsicht bei Schlafmedikamenten, sie können durch sogenannte »Overhangeffekte« die Konzentrations- und Leistungsfähigkeit erheblich beeinträchtigen.

Mein Tipp

Aufputschmittel, Katecholamine, Amphetamine

Hände weg von Speeds!

Die gerade bei Jugendlichen beliebten und inzwischen auch von Erwachsenen als sozusagen »legale Medikation« zur Konzentrations- und Leistungssteigerung verwendeten Aufputschmittel wie Ecstasy sind in hohem Maße gesundheitsgefährdend. Der Wirkstoff von Aufputschern (Abkömmlinge der Adrenaline) führt zwar kurzfristig zu einer gesteigerten körperlichen und auch psychischen, mentalen Leistungsfähigkeit. Doch die »Wunderdroge für Prüfungssituationen« wirkt im Organismus höchst individuell und überaus häufig treten massive und unerwünschte Nebenwirkungen bis hin zur Vitalgefährdung durch Überreizung auf.

TIPP

Nehmen Sie von Aufputschmitteln wie Ecstasy als Mittel zur Selbstmedikation wegen der bestehenden Abhängigkeitsgefahr und den schwer einschätzbaren höchst individuellen Nebenwirkungen Abstand.

Koffein und Tein

Die Verwandten des Adrenalins, das im Kaffee enthaltene Koffein oder im Schwarztee vorhandene Tein, können durch die bekannte sympathikusanregende Wirkung (Wachsamkeit, Leistungsfähigkeit!) als

Kaffeegenuss in Maßen bringt neuen Schwung

unbedenkliche »Alltagsdroge« bewertet werden. Die Antriebssteigerung nach Tee- oder Kaffeegenuss hat jedoch eine kurze pharmakologische Halbwertszeit. Sie ist von begrenzter Dauer und kann ein bestehendes Schlafdefizit oder auffällige Konzentrations- und Leistungsschwächen keineswegs kompensieren.

Auch für Alkohol gilt, dass er bei verantwortlichem Umgang keine Gefahr für die Gesundheit darstellt. Als »Einschlafmittel« sind alkoholische Getränke jedoch nicht schlicht positiv zu bewerten. Letztendlich gilt auch hier das Paracelsuswort: »Die Dosis macht das Gift.« Wie überall ist also auch und gerade in Sachen Alkohol ein eigenverantwortlicher Umgang gefordert.
Eine besondere Erwähnung verdient der »Schlummertrunk« Bier. Hier ist es nicht so sehr der Alkoholgehalt als vielmehr der Gehalt an Hopfen, der eine (positive) Müdigkeit hervorrufen kann. Alle hopfenhaltigen Produkte sind als Einschlafmittel geeignet.

Hopfen fördert Schlaf

»Flüssiger Hopfen« – ein guter Schlummertrunk

Bewegt durchs Leben

Ein ausgewogenes und regelmäßig durchgeführtes Bewegungstraining ist für die körperlich/geistige Leistungsstärke unerlässlich! Diese Aussage gilt umso mehr angesichts der sich in den letzten 150 Jahren rapide gewandelten Lebensgewohnheiten der Menschen in industrialisierten Ländern.
Ein »Fitnessprogramm«, wie die Generation unserer Großeltern es durch längere Fußwege, schwere körperliche Arbeit in der Landwirtschaft oder in der Industrie, aber auch und besonders im Haushalt noch durchführen musste, ist dank der technischen Errungenschaften der letzten Jahrzehnte, zumindest in dem Ausmaße wie damals, nicht mehr notwendig.

Wir sind meistens »Kopfarbeiter«

Wir sind – im wahrsten Sinne des Wortes – von »Körperarbeitern« zu »Kopfarbeitern« geworden. »Kopfarbeiter«! Dieser Begriff ist durchaus zutreffend und wird gerne auch in Verbindung mit dem Wort »Schreibtischarbeit« verwendet. Dabei ist die überwiegend sitzende Tätigkeit und damit die körperliche Passivität ein Hauptrisikofaktor für Herz-Kreislauf-/Stoffwechselerkrankungen, für Veränderungen des Skelettapparats und vieles mehr.

Bewegung, die Spaß macht

Wann haben Sie das letzte Mal getanzt? Falls dies schon einige Zeit zurückliegen sollte: Warum besuchen Sie nicht wieder einmal einen Tanzkurs? Tanzen ist wie keine andere Bewegungsform geeignet, körperliche Aktivität mit Kopfarbeit zu verbinden. Der Ablauf des Tanzes wird gedanklich vorweggenommen, Sie stellen sich die Tanzfiguren vor und führen sie dann begleitet von der Musik aus. Tanzen belebt die Sinne, tanzen ist gesund und trainiert den Geist.

Doch Sie können Ihre Denkleistung auch schon mittels kleiner Bewegungsabläufe stimulieren – etwa durch eine aus dem Körperyoga (HataYoga) stammende Gesichtsübung:

TIPP

Gerade für die zerebrale Leistungsfähigkeit ist ein ausgewogenes Bewegungsprogramm unerlässlich! Schon 5 Minuten sind ausreichend, um einer nachlassenden Konzentrationsleistung vorzubeugen.

ÜBUNG

Setzen Sie sich dazu kerzengerade auf eine Stuhl! Richten Sie die Wirbelsäule, besonders die Brust- und Halswirbelsäule bewusst lotgerecht aus. Bringen Sie den Kopf in eine möglichst entspannte, aber aufrechte Position. Nun schließen Sie die Augen. Grimassieren Sie kräftig, indem Sie die Lider ganz fest zusammenkneifen und ein böses/grimmiges Gesicht »aufsetzen«. Spannen Sie kurzfristig die Kiefermuskulatur massiv an. Runzeln Sie mehrmals ganz kräftig die Stirn und spannen Sie die Augenmuskulatur an und ab. Jetzt atmen Sie entspannt aus, lassen den Mund einen Augenblick weit geöffnet und strecken dabei die Zunge heraus! Wiederholen Sie diese Übung (wobei Sie sich natürlich vergewissern sollten, dass Ihnen keiner zusieht).

Schneiden Sie noch einmal ganz kräftig Grimassen, runzeln Sie erneut die Stirn und pressen Sie die Augenlider aneinander. Jetzt ausatmen, ruhig hin und her atmen und die Augen wieder öffnen.

Mein Tipp

Wenn Sie diese Gesichtsentspannungsübung noch durch weitere Übungen aus dem progressiven Muskeltraining nach Jacobsen (progressive Muskelrelaxation) ergänzen, indem Sie verschiedene Muskelgruppen der Arme, Hände, Finger, Beine, Füße und Zehen seitengleich (isometrisch) anspannen und entspannen, haben Sie eine hervorragende Möglichkeit gefunden, die zerebrale Leistungsfähigkeit positiv anzusprechen und deutlich zu erhöhen.

Wie kann eine zur Erhöhung der Konzentration und Leistung effiziente Bewegung im Freien aussehen? Ganz einfach, wenn Sie bedenken, dass schon 5–10 Minuten Bewegung an der frischen Luft die Gehirnzellen deutlich erfrischt. Schon das Öffnen des Autofensters fegt Müdigkeit hinweg und auch ein schneller Spaziergang in der Mittagspause gibt neue Kraft.

Aus dem rhythmischen Heben der Schultern und Arme kann die sogenannte Hampelmannübung entwickelt werden, bei der Sie leicht federnd leicht auf- und abspringen. Imitieren Sie Tiere, indem Sie wie ein Känguru hüpfen, wie eine Katze sanft federnd auf dem Boden herumschleichen – und sich dabei räkeln und strecken. Verwandeln Sie sich in Ihrer Phantasie in einen Vogel und hüpfen Sie federleicht über die Wiese, indem Sie die Arme wie Vogelschwingen hinauf- und hinunterbewegen. Erleben Sie Ihre Verwandlungen mit Freude und entdecken Sie die Lust am Spiel, die heitere Gelöstheit der schöpferischen Bewegungsgestaltung.

Bei dem täglichen 5- bis 10minütigen Bewegungsprogramm sollte sich die Pulsfrequenz um 50 Schläge/Minute erhöhen. Damit erreichen Sie den für körperliche und geistige Schnellregeneration notwendigen »Trimm-dich-Wert 130«.

Unmittelbar vor einer Aufgabe, die von Ihnen hohe Konzentration verlangt, sind Sie mit der Kombination eines kurzen Bewegungsprogramms mit dem Ihnen vertrauten psychomentalen Entspannungsverfahren hervorragend vorbereitet, die Leistungsanforderungen zu erfüllen:

Öffnen Sie dazu das Fenster oder treten Sie – wenn irgend möglich – ins Freie. Beginnen Sie, auf der Stelle zu laufen! Steigern Sie Ihre Schrittzahl! Atmen Sie dabei ruhig und locker, gelöst – entspannt. Verlangsamen Sie die Schrittbewegungen wieder, richten Sie sich hoch auf, räkeln und strecken Sie sich, als wollten Sie einen (gedachten) Stern vom Himmel pflücken. Achten Sie dabei auf eine gerade Wirbelsäule, und werden Sie noch ein Stückchen größer. Jetzt beugen Sie die Knie langsam, gehen Sie in die Beugeposition. Sie werden kleiner und kleiner, beugen sich vornüber, lassen die Arme nach unten fallen, neigen die Wirbelsäule noch mehr, beugen sich noch tiefer, bis schließlich die Fingerspitzen ganz sachte den Boden berühren. Langsam wieder aufrichten! Mit leicht gegrätschten Beinen entspannt in aufrechter Position ruhig stehen bleiben. Hin und her,

TIPP

Erinnern Sie sich noch an Ihre Übungen aus der Gymnastikstunde oder an das »worming up« vor dem Skilaufen? Füllen Sie diese Übungen mit neuem Leben! Und ergänzen Sie sie!

Eine Bewegungswelle von den Zehen- bis zu den Fingerspitzen löst Beengung und schafft einen freien Kopf

ein- und ausatmen. Schließen Sie nun kurzfristig die Augen und lassen Sie Ihre persönliche Vorsatzhilfe (»ruhig – gelöst – entspannt!«) wie ein Spruchband vor das »innere Auge« treten. Jetzt kräftig durchatmen. Augen auf! Sie können das Kurzbewegungsprogramm selbstverständlich individuell abwandeln und zeitlich verlängern oder verkürzen.

Entscheidend für die Konzentrations- und Leistungsfähigkeit des Gehirns ist die erhöhte Sauerstoffaufnahme. Leistungssport ist keineswegs zwingend notwendig, um die Nervenzellen mit »Frischluft« zu versorgen. Ausdauersportarten sind allerdings durchaus zu empfehlen. Von ihnen sind – aus sportmedizinischer Sicht – die folgenden von herausragender Bedeutung für die Leistungssteigerung des Gehirns:

Dauer- und Leistungssportarten, die Kopfarbeit stimulieren

• Laufen und Intervall-Laufen/Joggen/Aerobic/Gymnastik/Rad fahren
• Skilauf
• Rudern

Laufen ist Frischluft für die Nervenzellen

Gesund, fit im Kopf und leistungsfähig: dies ist die reiche Belohnung sportlichen Einsatzes

Selbstverständlich müssen Sie im Einzelfall Rücksprache mit Ihrem Arzt halten und klären, welche der vorgeschlagenen Aktivitäten/ Bewegungsformen/Sportarten unter Beachtung Ihrer persönlichen Konstitution am geeignetsten für Sie ist.

Saunabesuche sind sehr gut geeignet, die zerebrale Leistungsfähigkeit zu trainieren (achten Sie jedoch im Vorfeld auf Ihre körperliche Belastbarkeit): Durch die physikalischen Wirkungen der Sauna, der kontrollierten Überwärmung des Organismus, wird das Herz-Kreislauf-System und damit die gesamte Durchblutung des Organismus aktiviert. Der im Anschluss an den Saunabesuch durchzuführende Kaltwasserguss oder das Kaltwassertauchbad (soweit diese Anwendung vertragen wird und ärztlicherseits keine Bedenken bestehen) wirken ebenfalls positiv auf das Herz-Kreislauf-System. In der folgenden Ruhephase fühlen Sie sich wohlig entspannt. Der Kopf ist frei, frei und leer! Sie sind aufnahmebereit für das Wesentliche und können später unter Anwendung der nunmehr wohlvertrauten Selbstentspannungstechniken sowie Ihres persönlichen Memo-Trainingsprogramms die Leistungskapazität des Gehirns optimal nutzen.

Körperliche Entspannung und freier Kopf durch Sauna

Neben dem Schwimmen ist die Wassergymnastik der Konzentrations- und Leistungsförderung besonders förderlich. Die folgenden Übungen sind im wohltemperierten Wasser (ca. 26–28°) leicht durchzuführen, sprechen den gesamten Organismus an und führen damit bei regelmäßiger Anwendung zu einem deutlich nachweisbaren Erfolg. Darüber hinaus sind sie geeignet, heiteres Wohlbefinden für Körper und Seele zu schaffen.

Aquawellness – für Leibes Wohlbefinden

Beckenschaukel

Stellen Sie sich mit beiden Beinen sicher auf den Boden des Bassins –
das Wasser sollte in Brusthöhe stehen. Bewegen Sie den Oberkörper
vor und zurück und schieben Sie dabei die Knie nach vorn, die Oberschenkel bleiben gestreckt. Bewegen Sie das Becken hin und her.
Nutzen: Förderung der Beweglichkeit der Hüftgelenke.

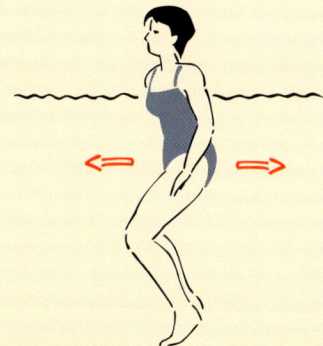

Wasser- oder Rutschgrätsche

Versuchen Sie aus dem Stand heraus so weit wie möglich auf den
Hacken in die Grätschstellung, vor- und rückwärts sowie
seitlich zu rutschen.
Nutzen: Mobilisation der
Hüftgelenke und Beine.

Zigeunertanz

Was uns normalerweise als Trockenübung nur schwer gelingt, ist im Wasser einfach. Gehen Sie im niedrigen Wasser in die Hocke und strecken Sie dann abwechselnd das rechte und linke Bein nach vorn und zur Seite. Führen Sie die Hände dabei locker mit.
Nutzen: Gleichgewichtsübung.

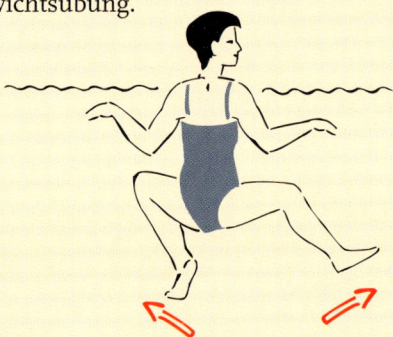

Wassertwist

Twist auf dem Parkett kennt jeder. Beim Wassertwist fixiert man die Füße fest am Boden des Bassins und bewegt sich durch schnell aufeinander folgende Richtungsänderungen im Becken fort.
Der Impuls aus dem Becken erfolgt nach rechts, links, vor und zurück.
Nutzen: Förderung der Beweglichkeit
des Beckens.

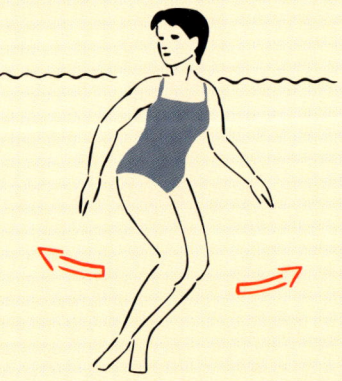

Schraubendrehung

Die beim Wassertwist begonnene halbe Drehung wird weiter
fortgeführt, bis sich der Körper so weit wie möglich nach rechts und
links um seine Achse dreht.

Nutzen: Förderung der Beweglichkeit des Beckens.

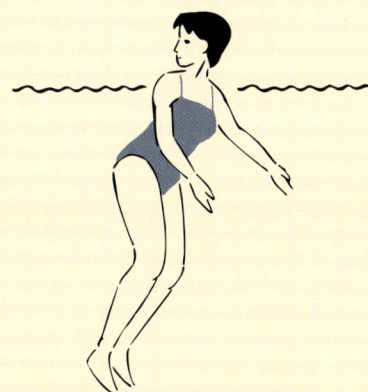

Karussell

Hierbei drehen Sie sich gänzlich um sich selbst. Der Körper macht
eine ganze Drehung, abwechselnd rechts und links herum.

Nutzen: Stabilisations- und Gleichgewichtstraining.

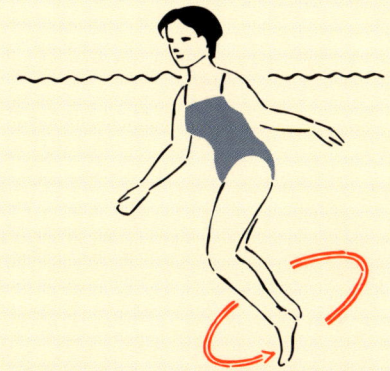

Froschhüpfen

Hüpfen Sie federnd so hoch und so weit, wie Sie es im Wasser vermögen. Im Wechsel wird dabei jedes Bein so hoch wie möglich angezogen (Knie und Kinn berühren sich fast).
Nutzen: Stabilisations- und Gleichgewichtstraining

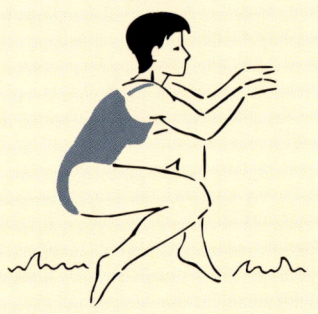

Sprungball

Jetzt sind Sie wie ein Ball, Sie stoßen sich mit geschlossenen Beinen voll vom Boden des Wasserbassins ab und federn hoch. Je tiefer Sie im Wasser sind, desto mehr sollten Sie herausfedern, die Arme gestreckt nach oben haltend. Aus dieser Übung fallen wir von selbst in eine Ausruhestellung. Nutzen: Gelenkigkeitsprobe.

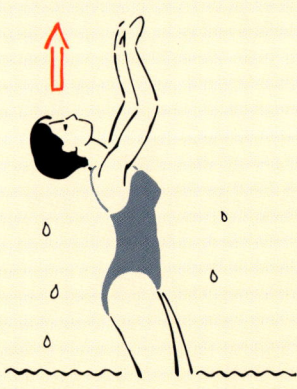

Hampelmann

Er schaukelt nach links, er schaukelt nach rechts, mal mit gestreckten,
mal nur mit gegrätschten Beinen. Er kippt nach vorn,
er kippt nach hinten, wie bei der Beckenschaukel.
Er ist gemütlich und entspannt sich völlig.
Nutzen: Entspannungsübung.

Quallentanz

»Es wallen die Quallen im
Meere hin und her.« Eine
Gruppe, die sich zu einem
Kreis zusammengefunden
hat, schwingt in einem wohl-
ausgewogenen Rhythmus
nach rechts und nach links, nach
vorn und nach hinten. Zum Schluss
machen alle eine Wassergrätsche und
drehen dabei den Kopf von links nach rechts, von rechts nach links.
Nutzen: Entspannung und Schwerelosigkeit.

Krebsschere

Heben Sie sich am Platz leicht auf die Zehenspitzen und ›klappen‹ Sie
die Oberschenkel auseinander und wieder zusammen. Die Knie sind
dabei gebeugt. Sprechen Sie dabei innerlich mit: ›Schnipp-schnapp‹.
Nutzen: Gleichgewichts- und Entspannungsübung.

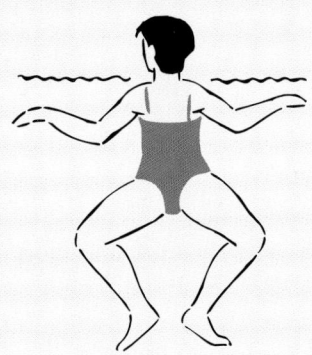

Wasserboxen

Sie stehen bis zum Hals im Wasser und boxen kraftvoll mit den
Fäusten gegen den Widerstand des Wassers nach vorn, nach rechts,
nach links, nach unten.
Nutzen: Kräftigung der Armmuskulatur.

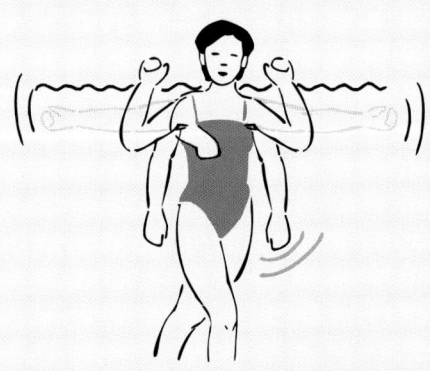

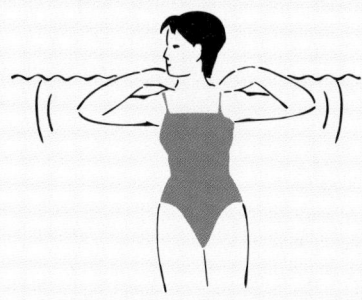

Flügelschlagen

Legen Sie nun die Hände auf die Schultern und federn Sie die Ober-
arme wie ›Wasserflügel‹ im Wasser nach vorn und nach hinten.
Nutzen: Schultergelenke werden geschmeidig.

Atemschwimmen

Schwimmer schwimmen unter Beachtung einer ruhig durchgeführten
Atmung etwa 10 Minuten lang durch das Bassin.
Nutzen: Stärkung eines gleichmäßigen Atemrhythmus.

Seiltanzen oder Seilhangeln

Diese Übung setzt voraus, dass eine Grenzlinie zwischen Schwimmer-
und Nichtschwimmerbassin vorhanden ist. Man balanciert mit
den Füßen auf dem Seil durchs Wasser oder schwebt, durch Fort-
bewegung mit den Händen, über ein Seil.
Nutzen: Gleichgewichtsübung.

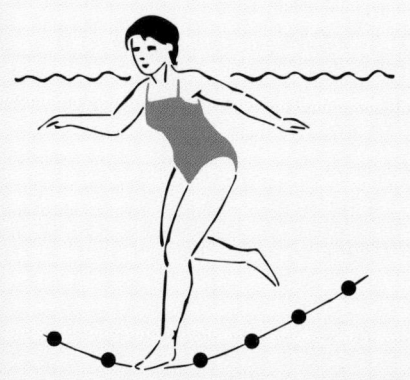
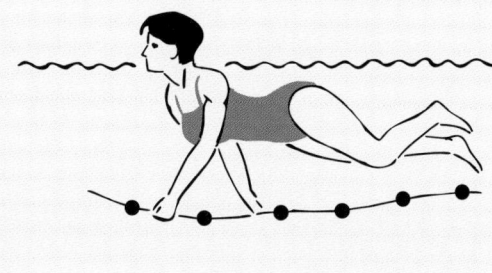

Storchengang

Hierbei ziehen Sie wechselweise die Knie hoch, verlagern das Körpergewicht nach vorn und strecken das Bein ganz durch, um einen
maximalen Schritt vorwärts zu machen – eben wie ein Storch im Salat.
Nutzen: Die Gelenke werden im Zeitlupentempo beansprucht.

Schmetterlingsschwimmen

Zur völligen Loslösung und Lockerung des Körpers schwimmen Sie
im Schmetterlingsstil. Dabei führen Sie bei sonst normaler Schwimm-
bewegung die Arme von oben nach unten.
Nutzen: Entspannung und Lockerung des gesamten Körpers.

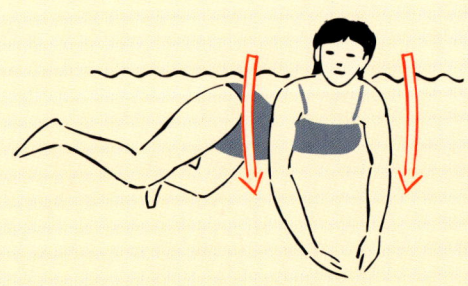

Rückenschwimmübung

Die Arme sind parallel an den Körper gelegt. Sie liegen auf dem Rücken und führen allein mit den Beinen Schwimmbewegungen durch: Ziehen Sie die Beine an, spreizen Sie sie und führen Sie sie wieder zusammen.

Nutzen: Kräftigung des Beckens, der Beine und Rückenmuskulatur.

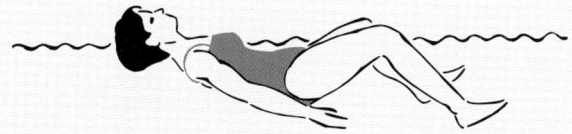

Strampelübung

Nichtschwimmer und solche, die im Schwimmen unsicher sind, legen sich mit dem Rücken auf eine Treppe oder halten sich rückwärts am Beckenrand fest. Nun fahren Sie mit beiden Beinen Rad, zum Schluss so schnell, dass das Radfahren zum Strampeln wird.

Nutzen: Durch Rückenschwimmübungen erzielen gerade Frauen die beste Entspannung, da durch sie die vegetativen Verspannungen im »Kreuz« beseitigt werden.

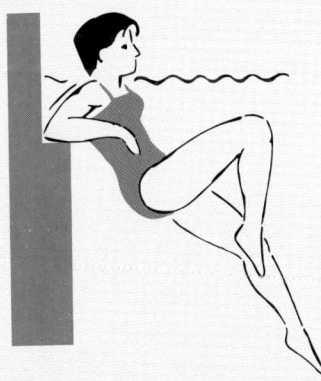

Gesund und fit schlafen

Wach im Kopf durch kurze Einschlafphase und süßen Schlummer

Die wichtigste Erholung für den Gesamtorganismus Mensch mit seinen Billiarden von Zellen bzw. Zellverbänden ist ein gesunder, erquickender Schlaf. In Bezug auf die Gehirnfunktionen und -leistungen steht Schlaf an herausragender Stelle.

Das kindliche Gehirn ist in den ersten Lebensjahren hinsichtlich Informationsverarbeitung, Speicherkapazität und Lernfähigkeit am leistungsstärksten. Um dieses Potential des Gehirns voll auszunutzen, ist neben einer ausgewogenen Ernährung (s. S. 57 ff.) die durch den Schlaf garantierte Erholung des Gesamtorganismus und besonders des Gehirns besonders wichtig. Beim Baby und Kleinkind betragen die Schlafphasen bis zu 18 Stunden täglich. Mit zunehmendem Alter ist, bedingt durch komplexere Lebenserfordernisse, ein deutlicher Rückgang der absoluten Schlafdauer zu beobachten.

Durchschnittlich kann davon ausgegangen werden, dass das Schulkind in der ersten Zeit 10 bis 12 Stunden und später 8 bis 10 Stunden Schlaf benötigt, während der Organismus des Erwachsenen in der Regel mit 6 bis 8 Stunden Schlaf genügend Zeit zur Regeneration findet. Jedoch: Nicht der absoluten Schlafdauer, sondern vor allem der Qualität des Schlafes kommt besondere Bedeutung zu.

So schlafen Sie ein und durch

»Abschalten« kann man lernen!

Der Grund für Einschlafschwierigkeiten ist häufig, dass Tagesereignisse im Laufe des Abends nicht in den Hintergrund gestellt werden können. Statt vor der Tür stehengelassen, wird der »seelische Rucksack« oft mit ins Bett genommen.

Doch Ein- und Durchschlafen sind erlern- und trainierbar. Das autogene Training kann mit seiner Basisformelübung: **»Ruhig – gelöst – entspannt. Ich bin und bleibe ruhig!«** im Sinne eines positiven Schlaftrainings eingesetzt werden. Treten zu der Ruhetönung weitere Techniken wie die formelhafte Vorsatzhilfe hinzu, so wird die Schlafqualität deutlich verbessert.

Vielen ist das Ritual aus der Schulzeit noch vertraut: Das Lesebuch oder die Rechenfibel wird »unter dem Kopfkissen« verstaut, damit das Prüfungswissen während des Schlafes im Kopf bleibt. Eine andere Methode ist die Entspannungsübung des autogenen Trainings in Kombination mit der formelhaften Vorsatzübung kurz vor dem Einschlafen. Durch sie kann der erarbeitete Wissensstoff leichter aus dem Kurzzeitgedächtnis in das Langzeitgedächtnis überführt werden.

Im Schlaf gelernt

Oft ist Leistungsstress die Ursache von Schlafstörungen. Doch auch Schlafen kann trainiert werden.

Schlafübungen

Befestigen Sie, von Ihrem Bett oder Ihrer Liege aus ohne Probleme sichtbar, einen Farbpunkt in der Größe eines Euro an der Wand oder dem Vorhang. Legen Sie sich dann bequem auf das Bett oder die Liege. Lassen Sie sich ruhig entspannt »in die Federn fallen«. Die Arme liegen leicht abgewinkelt neben dem Oberkörper. Die Beine fallen leicht nach außen rotiert auseinander. Beengende Kleidungsstücke wie enge Hemdkragenknöpfe, Krawatten oder Gürtel wurden bereits geöffnet oder abgelegt. Sie liegen ruhig, gelöst, entspannt mit geöffneten Augen da. Betrachten Sie konzentriert, mit fixierendem Blick den angebrachten Farbpunkt. Atmen Sie ruhig in Ihrem Rhythmus hin und her, ein und aus und sprechen Sie: **»Ich bin ganz ruhig – ruhig, gelöst, entspannt – ruhig, entspannt, gelöst!«** Achten Sie darauf, dass Sie Ihre Augen geöffnet halten und den Farbpunkt fixieren! Atmen Sie bewusst in Ihrem Rhythmus hin und her, ein und aus und intensivieren Sie dadurch die körperliche Ruhe, Erholung und Entspannung. Langsam ermüdet das Auge durch die Blick-

TIPP

Optische Fixierung: Der Farbpunkt als Einschlafdroge

fixation und mit ihm der Gesamtorganismus. Begleiterscheinungen wie das unwillkürliche (und ungefährliche) Zucken der Augenlider, ein verstärkter Tränenfluss sowie unwillkürliche Augapfelbewegungen sind als (positive) Ermüdungszeichen zu werten. Bleiben Sie weiterhin in Ihrer gelösten Liegehaltung, atmen Sie bewusst und ruhig hin und her, ein und aus und fixieren Sie Ihren Farbpunkt. Allmählich werden Sie feststellen, dass Ihre Ermüdung größer und größer wird. Sie wird schließlich den (un)willkürlichen Augenschluss auslösen. Genießen Sie danach das Gefühl der totalen Erholung und Entspannung. Die Komplementärfarbe Ihres Farbpunktes wird langsam vor dem inneren Auge zerfließen. Lassen Sie es geschehen. Atmen Sie ruhig weiter. Wiederholen Sie die Ruhetönung, die Schwereeinstellung, die Wärmeeinstellung. Genießen Sie die Ruhe, Erholung und Entspannung.

Mein Tipp

Die konzentrierte Fixierung eines Farbpunktes ist hervorragend geeignet, aus der Alltagsanspannung in die Tiefenentspannung einzutauchen und kann auch sehr gut für den Einstieg in eine Kurzschlafphase gewählt werden.

Selfmapping vor dem Einschlafen

Legen Sie sich entspannt auf die Liege oder auf das Bett, schließen Sie die Augen und lassen Sie wichtige Tagesereignisse Revue passieren. Versuchen Sie, die Begebenheiten ›thematisch‹ zu ordnen. Verknüpfen Sie beispielsweise alle Situationen, in denen Sie Geld ausgegeben haben. Lassen Sie die Geldsummen und die gekauften Gegenstände bildhaft vor Ihrem »inneren Auge« erscheinen. Erfassen Sie auf diese Weise auch belanglose Nebenausgaben, um mehr oder weniger unbewusst abgelaufene Vorgänge zu präzisieren. Wenden Sie die Übung auf verschiedene Bereiche Ihrer Lebenspraxis an und ziehen Sie

Tagesbilanz. Danach können Sie Ihren Handlungsplan für den nächsten Tag effizient entwerfen. Oft beruhigt dieses Gehirnjogging, das natürlich auch auf dem Gebiet des Lernens angewendet werden kann, da es in jedem Fall die Überführung des Lernstoffes vom Kurzzeitgedächtnis in das Langzeitgedächtnis unterstützt.

TIPP

Auch positive Gedankenassoziationen erleichtern das Einschlafen.

Eine Einschlafmethode ist es auch, eine mit harmonischen Gefühlen besetzte Kindheitserinnerung aus dem Gedächtnis hervorzuholen. Etwa einen Kindergeburtstag in der frühen Schulzeit. Suchen Sie – ohne dabei zwanghaft zu sein! – nach Verknüpfungspunkten, die Sie näher an dieses Ereignis heranführen. Stellen Sie sich etwa die Gesichter Ihrer Schulkameraden aus dem zweiten oder dritten Grundschuljahr vor. Verknüpfen Sie diese Erinnerungen mit weiteren Bildeindrücken (der Ausstattung des Klassenraumes/dem Spielzimmer eines Ihrer Freunde oder Ähnlichem). Lassen Sie nun Bilder und Bildvorstellungen an sich heranfluten. Wahrscheinlich wird sich bald eine Bildvorstellung herauskristallisieren und wie von selbst zu der gesuchten Bildeinstellung führen. Wenn dies geschehen ist, versuchen Sie alle auftretenden Bildinhalte bewusst wahrzunehmen. Konzentrieren Sie sich auf Einzelheiten, auf Geruchsbilder und akustische Eindrücke, die mit den Bildelementen zusammenhängen. Und noch einmal: Bleiben Sie bei dieser Übung ruhig, körperlich ruhig, die Körperhaltung ist gelöst, entspannt!

Positive Erinnerungen und positive Gedanken sind Lebenshilfen, die unangenehme Alltagsereignisse relativieren und bewirken, dass Sie über eine »gespannte Konzentration« in die Tiefenentspannung und damit in den Schlaf hinübergleiten.

Formelhafte Vorsatzhilfe Knapp und positiv formulierte, erfüllbare Vorsätze beeinflussen die Schlafbereitschaft nachhaltig positiv. Vorsatzhilfen als Sandmännchen:

»Ich bin und bleibe ruhig – ruhig, gelöst, entspannt – ruhig und konzentriert!«, »Ruhig, konzentriert geht die Prüfung wie geschmiert«, »Mutig – sicher – konzentriert schaffe ich ES!«, »Ich schlafe durch – gelöst, entspannt – die ganze Nacht!«, »Entspannt, erholt, erwacht gehe ich morgen konzentriert durch meinen Tag!«, »Schlaf tief – gelöst, entspannt, tiefe Ruhe im Traumesland!«, »Mit Mut geht's gut – Ich schaffe ES!«

Akustische Fixierung Neben den erwähnten optischen Hilfsmitteln kann selbstverständlich auch Musik als Einschlafhilfe eingesetzt werden. Unter Berücksichtigung der heute zur Verfügung stehenden Technik (Plattenspieler, Kassettenrecorder, CD-Player, Walkman) kann so gut wie jeder Musikwunsch ohne großen apparativen Aufwand verwirklicht werden und dem Einschlafen dienen. Vorausgesetzt natürlich, die gewählte Musik steht den Erfordernissen von Ruhe, Erholung und Entspannung nicht entgegen! Konkrete Musikempfehlungen kann und möcht ich nicht geben. Welche Musik letztendlich positive Konzentration und akustische Fixation zu vermitteln vermag, ist sehr individuell. Zu einer Harmonisierung, zur allgemeinen körperlich-seelischen Beruhigung trägt selbstverständlich auch das eigene Spielen von Musikinstrumenten bei, das aktive Musizieren vor dem Schlafengehen.

Sex und Vitalität

Vielleicht wundern Sie sich, dass in diesem Ratgeber, der unter der Leitthematik Konzentrations- und Gedächtnistraining steht, das Thema Sexualität, die »Vita sexuales« angesprochen wird. Doch die Zusammenhänge zwischen Sexualität, Gefühlsleben und Verschaltungen im Gehirn sind nachweislich äußerst signifikant.

Liebevolle, fröhliche Partnerschaft – Zaubermittel für Ihr Gehirn

In unserer Zeit fällt das Zusammenwirken von »Enttabuisierung« der privatesten, persönlichsten Bereiche und ihre Unterwerfung unter das Leistungsprinzip auf. Daher steht das Zusammenspiel von biologischen/sexuellen und psychischen/sexuellen Prozessen in diesem Kapitel an herausragender Stelle und gewinnen die Übungen des autogenen Trainings erneut an Bedeutung. Sie sind eine Erfolg versprechende und nebenwirkungsfreie Methode, durch die das Sexualleben positiv beeinflusst werden kann.

Organische Ursachen sexueller Störungen sind in der Regel selten. Zu ihnen zählen Erkrankungen, die mit Gefäßschädigungen einhergehen

Sexualität und Leistungsprinzip

Sexuelle Funktions-
störungen sind weit
verbreitet und können
eine massive Beein-
trächtigung der
persönlichen Lebens-
qualität darstellen.

können, etwa der Diabetes mellitis. Der nichtorganischen, psychisch/
seelischen Ursachenklärung kommt demnach besondere Bedeutung
zu.

Wenn auch in vielen Fällen auf professionelle Hilfe (Verhaltens-
therapie) nicht verzichtet werden kann, ist es doch so, dass gerade
sexuelle Funktionsstörungen durch bestimmte »kontrolliert im Gehirn
ablaufende Prozesse« positiv beeinflusst werden können, sie einer
»Eigentherapie« zugänglich sind.

Eine erotische Bildvorstellung, ein erotischer Gedanke kann bei Bereit-
schaft, ihn zuzulassen, in Sekundenschnelle sexuelle Erregung auslösen oder diese stimulieren.

Wenn aber – und dies ist gerade bei sexuellen Funktionsstörungen
sehr häufig der Fall – die an und für sich positiv besetzte erotische
Erlebnissituation mit Angst gekoppelt ist (Versagungsangst, übertrie-
bener Leistungsanspruch), kommt es häufig zu einer (un)bewussten
Blockade im Gehirn und damit im Gefühlsleben. Dies wirkt sich auf
das »rein organische Funktionieren« negativ aus.

Mein Tipp

Im Bereich Sexualität ist die Fähigkeit, »frei im Kopf« zu werden und einen wie auch immer sich selbst auferlegten über-
triebenen Leistungsanspruch unwirksam zu machen, eine
entscheidende Hilfe zur Selbsthilfe.

Je weniger unterwerfend der Mann auftritt, je mehr die Frau sich aus-
leben kann, um so wahrscheinlicher wird Sexualität positiv erlebt,
kann sexuelle Erfüllung eintreten. Basisübungen des autogenen Trainings sowie individuell erarbeitete Vorsatzhilfen im Sinne der Praxis
der Selbsthypnose öffnen den Weg zu einem positiven Sexualitäts-
erleben und damit zu mehr Vitalität und größerer Leistungsfähigkeit.

Bereiten Sie sich für folgende Übung vor: Legen Sie sich gelöst, entspannt auf Ihr Bett oder setzen Sie sich bequem in einen Sessel. Schließen Sie die Augen, atmen Sie ruhig ein und aus, hin und her. Jetzt lassen Sie »vor dem inneren Auge« eine erotisch besetzte Bildvorstellung auftreten. Konzentrieren Sie sich auf einzelne Inhalte und nutzen Sie die Möglichkeit, über eine »mentale Fokussierung« Details in den Vordergrund treten zu lassen. Imaginieren Sie auch Geruchsempfindungen und andere reizverstärkende Sinneseindrücke. Atmen Sie bei geschlossenen Augen möglichst entspannt – vermeiden Sie jede körperliche Aktivität und horchen Sie stattdessen konzentriert auf Ihre körperlichen Empfindungen.

Verführung zu sexuellen Erlebnissen: erotische Phantasien

Lassen Sie sich fallen und genießen Sie diese Übung! Spüren Sie, wie sich sexuelle Erregung/Lustempfinden mit zunehmender Intensität im Körper einstellen! Atmen Sie dabei tief »in den Bauch« hinein und intensivieren Sie Ihre Empfindungsqualitäten im kleinen Becken/Genitalbereich unter Einbeziehung der Solarplexübung/Sonnengeflechtsübung (»Bauch/Sonnengeflecht strömend warm«). Beenden Sie die Übung, indem Sie die aufgebauten Bildvorstellungen sukzessive zurücktreten lassen und sich begleitend dazu körperlich entspannen.

> ## TIPP
> **Durch erotische Imagination werden sexuelle Erregungsabläufe im Organismus intensiver empfunden. Sexuelles Lusterleben macht lebenshungrig und erhöht die Leistungsfähigkeit.**

Sexuelle Botenstoffe

Jede sexuelle Vorstellung setzt Stickstoffmonoxid frei. Dieses aktiviert das zyklische Aminmonophosphat. Dieser Vorgang führt zum verstärkten Einstrom von Blut in die Schwellkörper des Penis. Erotische Gedanken sind somit Grundvoraussetzung für eine Erektion und damit der Möglichkeit eines erfüllten Sexuallebens.
Das zyklische Aminmonophosphat wird normalerweise durch ein Enzym deaktiviert, wodurch der Prozess der zurückgehenden Erektion

Erhöhte Potenz durch
mentales Training

eingeleitet wird. Moderne Medikamente setzen an diesem Punkt an und inaktivieren dieses Enzym mit dem Ziel, die Erektionsfähigkeit zu verlängern.

Durch mentales Training zur Förderung konkreter erotischer Bildgestaltung kann nichtmedikamentös mit hervorragenden Ergebnissen in den sexuellen Erlebnisablauf eingegriffen werden.

Impotenz

Bei sich vorübergehend oder über einen längeren Zeitraum einstellender Impotenz ist in der Regel eine physische Ursache selten als Auslöser anzunehmen.

Oft geht der Impotenz ein Frustrationserlebnis voraus. Nicht nur der ältere, auch der junge Mann, der Mann im »besten Mannesalter« kann erleben, dass beim sexuellen Zusammensein »urplötzlich wie aus heiterem Himmel« Erektionsschwierigkeiten auftreten. Kommen noch verletzende Worte der Partnerin hinzu, schließt sich der Kreis von Angst/Versagungsangst/psychischer Belastung und Reaktionen der Organik.

Mein Tipp

Versagungsangst kann unbewusst wirken und sexuelle Aktivitäten stören. Gelingt es Ihnen, Kausalzusammenhänge des sexuellen Erlebens zu erkennen, können Sie Sexualität neu erleben.

Sexualität macht besonders deutlich, wie sehr Bewusstsein, Handeln und Zielfindung miteinander verwoben sind. Bei Impotenz etwa ist es von äußerster Wichtigkeit, neben den schon vorgestellten Übungen zur positiven sexuellen Einstellung ein so genanntes Selbstsicherheitstraining durchzuführen. Dieses sei im Folgenden vorgestellt.

Bauen Sie auf die Übung zur »erotischen Imagination« auf. Legen Sie sich also entspannt hin, versuchen Sie eine für Sie erotische Situation zu imaginieren und lenken Sie Ihre Aufmerksamkeit möglichst schnell auf einzelne Bildinhalte. Konzentrieren Sie sich jetzt auf das Becken und auf den Genitalbereich und nehmen Sie bewusst die Übung »Sonnengeflecht strömend warm« aus der Bauch/Solarplexusübung auf. Spannen Sie, während Sie diese Übung intensivieren, mehrfach und bewusst die Bauchmuskulatur/die Beckenmuskulatur/die Gesäßmuskulatur kräftig an, halten Sie die Anspannung 15 Sekunden lang und entspannen Sie dann wieder. Und nun setzen Sie zarte Berührungsreize ein: Streicheln Sie spielerisch und äußerst sanft über die Innenflächen der Oberschenkel, die Leistenregion unterhalb des Bauchnabels, bis Sie schließlich auch den Genitalbereich sanft stimulieren. Atmen Sie dabei bewusst hin und her, ein und aus und horchen Sie auf Ihre körperlichen Empfindungen und Reaktionen.

Fantasie hilft, sexuelle Blockaden aufzulösen

Im Gegensatz zur ersten beschriebenen Übung wird nun eine bewusste manuelle Stimulation als fester Bestandteil des Trainingsprogramms empfohlen. Bei entsprechendem Vertrauen und Verständnis können Sie die manuellen Stimulationsübungen selbstverständlich auch mit Ihrer Partnerin/Ihrem Partner durchführen.

Erfülltes Lustempfinden der Frau

Frigidität, nur unzutreffend mit der deutschen Bezeichnung »Gefühlskälte« übersetzt, bedeutet, dass die Frau bei sexueller Aktivität keine Befriedigung, keine sexuelle Erfüllung erlebt.

Vor dem Hintergrund, dass sich sexuelle Erregung und Erfüllung bei der Frau auf noch weitaus komplizierterem Wege ereignen als beim

Lust beginnt im Kopf

Mann, kommt der Fähigkeit, sich sexuell loszulassen, bewusste und unbewusste Ängste abzubauen und die Sexualität zu genießen, herausragende Bedeutung zu. Im Prinzip sind sich sexuelle Unlust bei Mann und Frau sehr ähnlich. Unter erhöhtem Erwartungsdruck, unter einem sich bewusst oder unbewusst einstellendem Leistungsgedanken wird es für beide Geschlechter sehr schwer sein, Sexualität positiv zu leben und sexuelle Befriedigung zu erfahren.

Wenngleich auch sexuelle Erfüllung oder der imperative Wunsch nach einem Orgasmus nicht das Maß aller Dinge des Sexuallebens ist, sollte einer glücklichen und erfüllten Sexualität doch hohe Beachtung geschenkt werden.

Mein Tipp

»Orgasmus – darüber spricht Frau nicht« ist ein schlechter Rat, der zu einer unnötigen Problematisierung des Sexuallebens führt und eine Partnerschaft massiv beeinträchtigen und gefährden kann.

Ich empfehle eindringlich, bei unbefriedigendem sexuellen Erleben Aussprache zu suchen! Frauen sollten mit anderen Frauen, mit Freundinnen oder guten Gesprächspartnerinnen darüber sprechen, welche sexuellen Empfindungen und Gefühle sie haben! Gibt es ähnliche, vergleichbare Problemkonstellationen? Reden Sie offen und ehrlich miteinander! Sie werden feststellen, dass Sie mit Ihren Gefühlen keineswegs allein sind.

Legen Sie sich bitte entspannt in einen Stuhl, schaffen Sie eine wohltuende Atmosphäre. Wenn Sie das körperlich-seelische Wohlbefinden steigern möchten, so nehmen Sie zuvor ein Vollbad. Der warme Wasserreiz führt zu einer Entkrampfung im Bauch-, Becken- und Genitalbereich.

Schließen Sie nun die Augen, atmen Sie in Ihrem Rhythmus hin und her und gehen Sie über die Ruhetönung des autogenen Trainings in die Bauch/Solarplexusübung hinein.

Konzentrieren Sie sich auf das Strömen im Leib und denken Sie vom Bauchnabel weiter zum kleinen Becken und zum Genitalbereich. Durch flächiges Auflegen der Hand unterhalb des Bauchnabels können Sie Ihre Empfindungen verstärken.

> **TIPP**
>
> **Bei sexueller Unlust sind Übungen, die entspannend auf das vegetative Nervensystem wirken und das kleine Becken und damit den Genitalbereich positiv beeinflussen, von hoher Effizienz.**

Die »Kegelübungen«

Atmen Sie tief ein, spannen Sie die Gesäß- und Beckenmuskulatur kräftig an, führen Sie die Beine gegen den Widerstand der angespannten Beinmuskeln mit aller Kraft zusammen, dann atmen Sie wieder aus, entspannen die Beinmuskulatur, entspannen die Becken- und Gesäßmuskulatur! Wiederholen Sie die Übungen zehn- bis zwölfmal in kurzem Abstand. Konzentrieren Sie sich auf die Empfindungen, die sich im Genitalbereich einstellen und intensivieren Sie diese durch eine zarte, aber bewusst herbeigeführte Stimulation.

Je gelöster, je entspannter Sie sich Ihrem Fühlen hingeben, umso eher werden Sie spüren, wie eine positive sexuelle Erregung sich einstellt und Sie in Fortführung der Übung auch Erfüllung finden. Atmen Sie ruhig hin und her, schließen Sie – wenn möglich – einen erquickenden Kurzschlaf an. Selbstverständlich können Sie diese Übung gemeinsam mit dem Ihnen vertrauten Partner durchführen.

Mein Tipp

Sexuelle Funktionsstörungen hängen eng und ursächlich »mit im Kopf stattfindenden Gedankenprozessen und einer oft damit verbundenen negativen gedanklichen Führung zusammen. Mittels mentaler Entspannungstechniken ist ein großer Komplex der sexuellen Funktionsstörungen therapierbar.

Lösen Sie sexuelle Blockaden durch formelhafte Vorsatzhilfen.

Die Übungen zur sexuellen Entkrampfung und Entspannung sind von Mann und Frau durch formelhafte Vorsätze intensivierbar. Dafür einige Beispiele:

»Mutig – sicher – schaffe ich ES!«

»Ich bin und bleibe ruhig, gelassen. Ich lasse mich!«

»Kraftvoll – sicher – ausdauernd!«

»Ich lasse mich – Ich fühle mich – Ich spüre mich – Ich erlebe mich – Ich bin ich!«

Autogenes Training erleichtert auch Schwangerschaften – Ihnen und Ihrem Baby!

Die Ihnen vertrauten Übungen des autogenen Trainings lassen sich schließlich auch während einer Schwangerschaft sinnvoll einsetzen. Gerade die Geburt des ersten Kindes ist ein Ereignis, das mit unzähligen Hoffnungen, Wünschen, aber auch Ängsten verbunden ist. Was liegt also näher, als die Geburt gezielt durch mentales Training vorzubereiten! Vor allem in der Wehenpause können Sie durch Übungen lernen, sehr schnell von Schmerz auf Ruhe umzuschalten und sich zu entspannen. Durch die Übungen des autogenen Trainings lockern Sie den Bauchbereich und legen für sich und das Baby eine optimale Erholungspause ein. Nutzen Sie dabei die Kurzentspannung auch für schöpferische Gedanken! Lassen Sie für einen kurzen Augenblick alles in den Hintergrund treten und konzentrieren Sie sich dann wieder auf das Wesentliche: auf die Geburt Ihres Kindes! Aber auch bei starken

Schmerzen während der Periode helfen krampflösende Techniken. Körperliches Unwohlsein und seelische Verstimmungen können so auf einfache Art behandelt werden. Im Vordergrund stehen wieder Entspannungsübungen sowie die Solarplexübung, die Bauch- sowie Sonnengeflechtsübung. Sie werden mit Atemübungen verknüpft. »Ruhig, schwer, gelöst, entspannt – Atmung ruhig – Bauch, Sonnengeflecht strömend warm!« ist dabei die Grundformulierung.

Gegen Bauchschmerzen und Krämpfe hilft das flächige Auflegen der Hand auf den Nabelbereich.

Gehirnjogging

Mit allen Sinnen leben

Geschärfte Sinne lenken die Aufmerksamkeit auf alle Reizdimensionen der Umwelt und entdecken das Wesentliche. Menschen und Dinge werden in Ihrer Gesamtheit erfahren und die konzentrierte Betrachtung von Details eröffnet eine völlig neue Erlebnisdimension. Die Fünf-Sinne-Übungen wirken einer schwindenden sinnlichen Wahrnehmung und damit der Abstumpfung des Denkens, der Denkmüdigkeit durch Reizverarmung effizient entgegen. Sie sind hervorragend geeignet, die Konzentrations- und Leistungsfähigkeit des Gehirns zu trainieren.

Ein geschultes Auge sieht mehr!

Sehen

Schulen Sie Ihr Auge! Nehmen Sie einen neutralen Gegenstand aus Ihrer Umgebung zur Hand. Dabei spielt es überhaupt keine Rolle, ob er klein oder groß, Ihnen besonders vertraut ist oder nicht. Wichtig ist, dass Sie ihn konzentriert betrachten und versuchen, mehr und mehr Einzelheiten von ihm wahrzunehmen.

ÜBUNG

Nehmen Sie beispielsweise einen Stuhl. Schauen Sie ihn konzentriert an, registrieren Sie seine Farbe, seine Form, die Materialien, die verwendet wurden. Fokussieren Sie im weiteren Teil der Übung die Rückenlehne des Stuhls. Betrachten Sie jetzt ganz bewusst die Maserung des Holzes oder die Musterung des Stoffes, die Farbgebung, die Prägung, suchen Sie nach Besonderheiten, nach Abnutzungsspuren,

Welche Farbe hat die Welt?

gehen Sie mit dem Auge so dicht wie möglich an die Polsterung heran und nehmen Sie so viele Einzelheiten wie möglich wahr. Betrachten Sie den Stuhl zum Abschluss der Übung aus einer gänzlich neuen Perspektive, sehen Sie ihn von oben oder von unten an. Drehen Sie ihn um, schauen Sie, wie er in seiner Gesamtheit durch die Veränderung der Alltagsposition ein völlig neues Aussehen erhält.

Nehmen Sie im zweiten Teil der Übung einen »lebenden« Gegenstand, etwa eine Blume. Konzentrieren Sie sich auf immer mehr und immer feinere Aspekte. Trainieren Sie so Ihr Auge, die Welt differenziert wahrzunehmen.

Hören

Steht in ihrer Wohnung ein Klavier oder ein Flügel? Wenn ja, nutzen Sie die Möglichkeit, seinen Tönen nachzulauschen, dem Klang konzentriert zu folgen. Schlagen Sie einen x-beliebigen Ton an und hören Sie, wie er schwingt und klingt. Die Augen sind dabei geschlossen. Konzentrieren Sie sich auf das Klingen, das Schwingen bis hin zum Verklingen des Tons. Sie haben keinen Flügel und kein Klavier? Kein Problem! Nehmen Sie einen anderen Gegenstand aus Ihrem Haushalt, der klingt und schwingt. Ein feines, mit Wasser gefülltes Gefäß zum

Schenken Sie der Welt ein Ohr!

Beispiel. Eine Glocke, eine Triangel. Oder lauschen Sie Geräuschen nach, die aus der Umwelt in Ihre Wohnwelt hineinklingen. Sie hören das Herannahen eines Flugzeuges? Hören Sie auf das monotone

Rauschen der Motoren. Hören Sie, wie sie lauter werden und schließlich wieder verebben?

Nehmen Sie in öffentlichen Räumen und Gebäuden die Geräuschkulissen bewusst wahr. Schließen Sie auch dort augenblicksweise die
Augen. Konzentrieren Sie sich auf die Klangbilder, die um Sie herum
sind.

Schmecken

Suchen Sie bewusst nach Geschmackserlebnissen! Kaufen Sie beispielsweise Bananen aus 4–5 verschiedenen Herkunftsländern ein.
Bewahren Sie sie im wohltemperierten Raum für einige Zeit auf. Nun
entfernen Sie bitte die Schale und schneiden – nach Möglichkeit aus
der Mitte – aus jeder Banane zwei bis drei nicht zu dicke Scheiben
heraus.

Arrangieren Sie 8–10 Bananenscheiben (also 4 bis 5 verschiedene
Früchte) auf einem großen Teller.

Wie schmeckt
das Leben?

ÜBUNG

Und nun gehen Sie in die eigentliche Geschmackskonzentrations-
übung hinein. Lassen Sie eine x-beliebige Bananenscheibe zunächst
auf der Zunge liegen und nehmen Sie bewusst die Geschmacks-
nuancierung wahr. Im weiteren Teil dieses Versuches, den Sie
ebenfalls bei geschlossenen Augen durchführen sollten,
zerkleinern Sie die Banane in feinere Bestandteile und
achten ebenfalls auf die sich dabei herauskristalli-
sierenden Geschmacksnuancen.

Schlucken Sie den entstandenen Bananenbrei ruhig
hinunter und nehmen Sie zur Geschmacksneutralisie-
rung einen Schluck stilles Wasser zu sich. Mit den nächsten Bananenscheiben verfahren Sie genauso. Sie werden

feststellen, wie unterschiedlich, wie charakteristisch aufgrund der verschiedenen Herkunftsorte und damit verbundenen Wachstumsbedingungen die Bananenaromen von Ihnen geschmacklich wahrgenommen werden können.

Riechen

Legen Sie verschiedene Früchte (Orangen, Pfirsiche, Äpfel, Ananas) vor sich auf den Tisch und konzentrieren Sie sich auf die je eigenen Geruchsaromen. Sie werden sehen, wie facettenreich die einzelnen Geruchsbilder sind. Schärfen Sie den Geruchssinn auch in Alltagssituationen. Nehmen Sie beispielsweise das Geruchsmuster in ihrer Bäckerei am frühen Morgen, am Vormittag, Nachmittag und Abend bewusst wahr. Sie werden unschwer feststellen, dass es neben dem Leitgeruch (Geruch nach Backwaren/Brot/Hefe/Schokolade) unzählige und feinste Geruchsabstufungen gibt, die sich im Laufe des Tages einstellen.

Gerüche sind wie Visitenkarten

Auch über Menschen verrät Geruch sehr viel: durch ihn können Sie erkennen, ob Ihr Gegenüber erregt, gelassen oder entspannt ist. Schließlich können Gerüche auf eine bestehende oder neu aufgetretene Erkrankung verweisen.

Tasten

Eine der interessantesten Übungen ist die Gefühlssensibilisierung. Wie weit ist Ihnen Ihr Körper vom Gefühlserleben her überhaupt vertraut? Gelingt es Ihnen, sich vorzustellen, welches Gefühl Sie empfinden, wenn Sie etwa über den Teppichboden im Wohnzimmer gehen? Oder welches Gefühlserleben es ist, wenn Sie über den Kacheln im Badezimmerbereich die Fußsohlen abrollen. Was tasten Ihre Hände, wenn Sie die Wände im Schlafzimmer berühren? Sollten

Den Dingen auf der Spur: Erspüren Sie das Leben!

es Holzpaneele sein, werden Sie feine Uneben-
heiten wahrnehmen sowie Rauheit und das Glatte des
verwendeten Holzes. Gleiches gilt für Tapeten, für Rau-
faser, für Kalksandsteinwände, für jede mögliche und denk-
bare Form einer Wandverkleidung. Konzentrieren Sie sich im
weiteren Verlauf dieses Versuches auf größere Feinheiten. Wenn Sie

Gefühle mit den Zehen ertasten

einen Kompressorkühlschrank haben, werden Sie während bestimmter Kühlphasen ein feines Vibrieren des Gerätes vernehmen. Erspüren
Sie mit den Händen Temperaturunterschiede: die Wärme der vom
Sonnenlicht beschienenen Fensterbank, den deutlich kühleren Fenster-
rahmen, das Temperaturbild der reinen Glasfensterfläche. Allein im
Fensterbereich ist es möglich, durch entsprechende Sinnes-Tempera-
turübungen die feinen Wärme-/Druckfühler der Finger und Hände
(Thermorezeptoren und Pressorezeptoren) zu sensibilisieren und zu
trainieren.

Versuchen Sie jetzt den einzigartigen Geruch der Heckenrosen am
Wegesrand der Heideflächen zu imaginieren, indem Sie das Gesamt-
bild »blühende Rosen auf Heidegrund« vor Ihr »inneres Auge« holen.
Gelingt es Ihnen?

Schnell im Kopf: praktische Tipps

Effizienz steht im Alltag an erster Stelle. Formelhafte Vorsatzhilfen
und Merktechniken helfen Ihnen, Ihren Tagesplan souverän zu
erfüllen.

»Das Wesentliche zuerst – priority first – das Wesentliche zuerst«:
Diese Übung ist wie keine andere geeignet, unter Einbeziehung von
Selbstentspannungstechniken die Persönlichkeit zu stabilisieren und
das von jedem Menschen aktivierbare mentale Kraftfeld zu nutzen.

Priority first

TIPP

Steigern Sie allmählich die Zahl der zu erfüllenden Aufgaben und optimieren Sie so Ihren Tagesablauf. Behalten Sie dabei die unterstützenden Memotechnik bei.

Sie müssen Ihren Reisepass/Personalausweis verlängern? Die dafür benötigten Passfotos sollen erstellt werden?! Legen Sie den benötigten Ausweis oder das entsprechende Antragsformular in Ihren Arbeitsunterlagen oder auf Ihrem Arbeitstisch in eine optisch herausragende Position. So werden Sie es nicht vergessen. Besorgungen anderer Art sind zu erledigen? Nutzen Sie die Memotechnik und plazieren Sie an einer sichtbaren Stelle Gegenstände, die Sie an Ihre Vorhaben erinnern. Vermeiden Sie es, Ihren Tagesplan niederzuschreiben, denn oft werden Dinge gerade dann vergessen. Rufen Sie sich stattdessen mehrmals täglich den »inneren Tagesfahrplan« präzise und kontrolliert ins Gedächtnis.

So merken Sie sich Namen

Versuchen Sie für die Gedächtnisspeicherung von Namen sinnvolle Assoziationen zu erarbeiten. Sie könnten lauten:

»Herr Schirdekahn lebt ›schier im Wahn‹.« (Auch wenn das überhaupt nicht stimmt!)

Zahlenassoziationen

»Der große/kleine Herr de Vos lebt auf großem/kleinem Fuß.«

»Herr Wheyer ist sanft wie ein ›ruhiger Weihergeyer‹.«

»Drei, drei, drei, bei Issos Keilerei«: Der aus dem Geschichtsunterricht bekannte Merkreim/Merkvers ist Ihnen allen geläufig. Aber wann war denn das Jahr des Berliner Mauerbaus? Lautet die Geheimzahl Ihrer Bankkarte möglicherweise 1361? Dann könnte sie eine Assoziations-

Merkhilfen für geschichtliche Eckdaten

brücke zu dem historischen Datum sein, denn der Tag des Mauerbaus war der 13. August 1961.

Versuchen Sie sich (möglichst chronologisch) an die Bundespräsidenten der Bundesrepublik Deutschland zu erinnern. Wie hieß der erste Bundespräsident (1949)? Wie hieß sein Nachfolger (er wurde auch wegen einer zum Ende seiner Amtszeit begonnenen zerebralen Insuffizienz bekannt)? Welche eigenen biographischen Eckdaten kön-

*Souverän und entspannt
den Alltag meistern –
es ist erlernbar*

nen Sie mit den 60er oder 70er Jahren verbinden? Anlässlich der Olympiade 1972 fand ein terroristischer Anschlag/ Gewaltakt statt. Wie hieß der Bundespräsident, der für die Opfer die Trauerrede im Münchner Olympia-Stadion hielt? Welcher Bundespräsident wurde durch seine Fähigkeiten als Interpret eines deutschen Volksliedes (»Hoch auf dem gelben Wagen!«) bekannt? Erinnern Sie sich an seinen Namen? Wie heißt der gegenwärtig amtierende Bundespräsident und wie hießen seine letzten beiden Vorgänger? Versuchen Sie, sich Namen und Vornamen ins Gedächtnis zu rufen!

Durch die Verknüpfung von Persönlichkeiten des öffentlichen Lebens oder der Geschichte mit eigenen biographischen Eckdaten prägt sich unverzichtbares Wissen gut im Gedächtnis ein.

Mein Tipp

Spielend leicht konzentriert

Bei »Memory« geht es darum, verdeckt liegende Pärchenbilder aufzudecken. Dazu müssen Sie sich die Position von Kärtchen merken, die während eines Spiels aufgedeckt werden. Neidlos werden Sie feststellen, dass Kinder ein erheblich besseres Gedächtnis als wir Erwachsene haben und Bilderpaare beinahe mit »schlafwandlerischer Sicherheit« wiederfinden.

*Mit »Memory«
nie wieder vergesslich*

Bei diesem Spiel setzt sich eine Personengruppe (Kinder und Erwachsene) in einem großen Kreis zusammen. Dabei werden die Beine leicht gespreizt und die Fußspitzen nach außen gestellt, sodass sie die

Das »Hafentor-Personengedächtnis-spiel«

TIPP

Das »Hafentor- Personengedächtnisspiel« ist ein hervorragender Gedächtnistrainer, wenn Sie es nach einigen Runden mit geschlossenen Augen spielen.

des Nachbarn berühren. Nun wird ein Ball von einem »Hafentor« zu einem anderen gespielt (gerollt). Dabei wird der Vor-, wenn gewünscht auch der Nachname des Angespielten genannt.

Das »Bienengiftspiel«

Beim »Bienengiftspiel« geht es darum, die Konzentration zu fördern. Sogenannte »Giftköder« werden in einem kleinen Kreis auf dem Boden oder auf dem Tisch ausgelegt. Spielen fünf Personen mit, so werden vier »Giftköder« bereitgestellt.

Ein Mitspieler beginnt nun, in freier Rede eine Geschichte zu erzählen, wobei als Schlüsselwort die Bezeichnung »Bienengift« sprachlich eingeflochten wird.

Spiele fördern die Konzentration und bringen Erholung und Entspannung.

Auf das Signalwort »Bienengift« hin müssen die Spielteilnehmer blitzschnell nach den ausgelegten Giftködern greifen. Bei fünf Spielern und vier Giftködern wird einer etwas zu spät kommen. Er darf zur Belohnung die Geschichte weiter erzählen, wobei er sich dabei ja konzentriert auf die Wortwahl »Bienengift« einstellen kann und so in der nächsten Runde bessere Chancen hat, einen Giftköder zu fassen.

Das »Stadt-Land-Fluss-Spiel«

Bei diesem Spiel werden Kategorien für Länder, Städte und Flüsse gebildet. Frei nach Belieben können weitere Themenbereiche wie Tiere, Technik, Medizin u. v. m. aufgenommen werden. Ein Mitspieler sagt deutlich »A« und spricht in Gedanken das Alphabet. Ein anderer Mitspieler sagt plötzlich laut »Stop« – beim Buchstaben »D« etwa. Nun sucht jeder für sich nach den gesuchten Begriffen, die alle mit »D« beginnen müssen, und schreibt sie nieder. Hat ein Mitspieler sämtliche Rubriken ausgefüllt, sagt er »Stop«. Gewonnen hat, wer die meisten mit »D« beginnenden Wörter gefunden hat.

> Betrachten Sie die hier angeführten Spiele als Anregung, individuelle und auf Alter und Bedürfnis zugeschnittene Konzentrationsspiele zu entwickeln oder neue zu erfinden!

Mein Tipp

»Es genügt nicht zu wissen, man muss es auch tun!«

Sie haben den Ratgeber aufmerksam und konzentriert gelesen?! Herzlichen Glückwunsch! Die vorgestellten Hilfen zur Konzentrations- und Leistungssteigerung unter besonderer Berücksichtigung der Gehirnfunktion sind praxisnah, damit alltagstauglich und von Ihnen nutzbar. Besonders einige der hier genannten Memotechniken werden bald unverzichtbar für Sie sein und Ihr tägliches Leben positiv beeinflussen. Frei im Kopf, fit im Kopf zu sein, bedeutet in vielen Fällen, über der Situation zu stehen, auch im Ernstfall ruhig und gelassen zu bleiben und das Kraftpotential des Gehirns voll zu nutzen. Das vorgestellte mentale Trainingsprogramm ist ein Weg dazu, wobei die formelhafte Vorsatzhilfe der Schlüssel zum Erfolg sein kann.

Nehmen Sie die Empfehlung an, das autogene Training in einer kleinen Gruppe unter fachkundiger Leitung zu erlernen. Und – üben Sie nie unter Zwang, etwa mit dem Gefühl, noch »das Programm erfüllen zu müssen«!

Rekapitulieren Sie an dieser Stelle noch einmal die fünf Übungen: Wir beginnen mit der **Ruhetönung**. Die Ruhetönung, die Basisübung des autogenen Trainings, vermittelt Ruhe, Erholung, Entspannung im körperlichen und seelischen Bereich. Die Kurzformulierung »Ruhig – entspannt« ist dabei das Fundament, auf dem die anderen Übungen aufbauen. Diese Übung ist aber auch eigenständig wie keine andere geeignet, in Anspannungssituationen zur Selbstberuhigung und damit Selbstentspannung genutzt zu werden. Mit der **Schwereeinstellung**

Noch einmal:
die fünf Entspannungs-
übungen

und der **Wärmeeinstellung** »Ich bin ganz schwer, mein rechter/linker Arm, mein rechtes/linkes Bein ist schwer und warm« verstärken Sie, vom vegetativen Nervensystem gesteuert, körperliche Erholung und Entspannungseffekte. Durch die gesteigerte Durchblutung und einer damit verbesserten Sauerstoffversorgung wird die Leistungsbereitschaft der verschiedenen Organe und besonders auch des Gehirns deutlich gefördert. Dies gilt in gleichem Maße für die **Atemübung** »Atmung ruhig/Es atmet mich«. Der ruhige Atemfluss, das entspannte Hin und Her, Ein und Aus ist Garant körperlicher und seelischer Entspannung und fügt sich in die Ruhetönung, das Schwereerlebnis und die Wärmeeinstellung positiv ein.

Fühlen Sie die körperliche, geistige und seelische Entspannung

Mit der **Herzübung** »Herz arbeitet ruhig/gleichmäßig/regelmäßig« besteht, ebenfalls verstärkt durch das vegetative Nervensystem gesteuert, die Möglichkeit, ein sensibles Körperorgan der willentlichen Beeinflussung zu unterstellen und damit mögliche Fehlreaktionen und Fehlsteuerungen zu vermeiden.

Mit der möglichen Beeinflussung des Herzens wird der Weg in die sogenannten Organübungen beschritten. Die auf die Herzeinstellung folgende **Sonnengeflechts-/Solarplexusübung** »Bauch/Sonnengeflecht strömend warm« führt den Reigen der Organübungen fort. Gerade auch für diese Übung gibt es viele praxisnahe und alltagstaugliche Anwendungsmöglichkeiten. Der »Leib als Seismograph der Seele« ist im wahrsten Sinn des Wortes der Nabel von der Außenwelt zur Innenwelt.

Den Abschluss bildet die **Kopfübung/Kopfeinstellung** mit der Ihnen vertrauten Formulierung »Kopf klar, Stirn angenehm kühl«. In Kombination mit der formelhaften Versatzhilfe sowie den Memotechniken wird die konzentrierte Selbstbeeinflussung wirksam.

Mein Tipp

> Üben Sie regelmäßig und konzentriert das autogene Training. Achten Sie dabei auf das Umfeld und schaffen Sie in der Erholungsphase oder auch bei Übungen, die Sie zur völligen Erholung durchführen, eine entspannte Grundatmosphäre. Üben Sie nie unter Zwang oder mit dem Gefühl, »das Programm« zu erfüllen.

Bedenken Sie, dass der Zeitrahmen für die Übungen 3–5 Minuten betragen sollte. Führen Sie – mit Ausnahme der Einschlaf- und Durchschlafübungen – das Zurücknehmen sorgfältig/akkurat durch. Körperliche Schwierigkeiten oder Symptome, die gehäuft auftreten, sollten Sie mit Ihrem Arzt besprechen.

Sicherlich haben Sie festgestellt, dass – neben der Vermittlung von Memotechniken und Verfahren, die Konzentrations- und Leistungsfähigkeit zu fördern, zu stärken oder zurückzugewinnen – über die **Vorsatzhilfe** das Gemüt des Menschen angesprochen wird.

Sprechen Sie Ihr Gemüt an

»Woher komme ich? Wer bin ich? Wohin gehe ich?« Diese Lebensfragen, die philosophisches Gedankengut berühren, sind in allen Lebensabschnitten wesentlicher Bestandteil unseres Denkens.

Das Kind fragt: »Mama, Papa, woher komme ich?« Im weiteren Lebensverlauf erfolgen immer wieder erneut sogenannte Standortbestimmungen, wobei die Frage »Wer bin ich?« stets im Vordergrund steht. Letztendlich bleibt die große Frage »Wohin gehe ich?«, die durch alle Kulturen, durch alle Millionen Jahre menschlicher Geschichte unser Denken und Handeln beeinflusst. Auch Schopenhauers philosophische Abhandlung über *Die Welt als Wille und Vorstellung* setzt sich mit der grundsätzlichen Fragestellung auseinander, wie das einzelne Individuum die Welt – seine Welt – aus seiner Vorstellung heraus

formt und erlebt und inwieweit gedankliche Vorstellung und Realität
übereinstimmen oder nicht.

Denken kann auch als tägliche Erleuchtung betrachtet werden, die uns
in die Lage versetzt, eine tragfähige Brücke zwischen dem So-Sein und
der empfundenen Wirklichkeit zu bauen.

Begriffe wie Güte – Liebe – Ehrfurcht, die für viele
zunächst abstrakt und vielleicht etwas altmodisch
klingen mögen, sind dabei herausragend geeignet, in
unser Denken Eingang zu finden und damit unser
Handeln zum eigenen Wohle und zum Wohle unserer
Mitmenschen zu beeinflussen. »Cogito ergo sum«,
»Ich denke, also bin ich«, Descartes Formulierung und philosophische
Betrachtungsweise kann als »Schlüssel zum Schloss« dieses Ratgebers
betrachtet werden.

In diesem Sinn entlasse ich Sie mit den wichtigsten Punkten des
Brain-Power-Programms zurück ins Leben:

- Nutzen Sie die Kurzübungen des autogenen Trainings zur Schnell-
entspannung bereits am Morgen und beginnen Sie den Tag mit
einer positiven formelhaften Vorsatzhilfe.
- Erstellen Sie in Gedanken Ihren »Tagesfahrplan« und folgen Sie
konzentriert und entspannt dem Grundsatz: »Priority first!«
- Geben Sie Ihrem Gehirn die Nahrung, die es braucht: Sauerstoff,
Bewegung, Entspannung, Schlaf, Lust und Energie.
- Schaffen Sie sich durch Assoziationsbrücken Merkhilfen für
Termine, Daten und Ereignisse.
- Sensibilisieren Sie Ihre Wahrnehmung durch die »Fünf Sinne-
Übungen«.
- Erhöhen Sie Ihren Erfolg durch die Formulierung »Mutig – sicher –
schaffe ich ES.«

TIPP

Die Möglichkeit der autosuggestiven Selbstbeeinflussung durch formelhafte Vorsatzhilfen ist ein wichtiges Element, persönliches Handeln zu verbessern.

Trainieren heißt üben, heißt täglich umsetzen, heißt aber auch praktizieren. Dies ist die sinngemäße Zusammenfassung des Zitats von Johann Wolfgang von Goethe, der so treffend formuliert hat: »Es genügt nicht zu wissen, man muss es auch tun, es genügt nicht zu wollen, man muss es auch anwenden.«
Ich wünsche Ihnen viel Erfolg mit diesem Ratgeber.

Ihr Michael Eberlein

Bildnachweis

Archiv Verlag Gesundheit 66, 67
Bavaria 2, 8, 48, 50, 63, 64, 71, 89
Image Bank 12, 26
Mauritius 3, 10, 24, 29, 54, 60, 74, 94, 99, 101
StockMarket 2, 4, 33, 41
Superbild 5, 6, 20, 31, 57, 59, 61, 68, 69, 73, 101, 105
Tony Stone 2, 28
Zefa 3, 38, 70, 98, 103

Umschlaggestaltung: Lohmüller Werbeagentur, Berlin
Umschlagfoto: zefa, Hamburg
Layout: Bauer+Möhring, Berlin
Satz und Lithos: LVD GmbH, Berlin
Druck und Verarbeitung: Sebald Sachsendruck Plauen

Printed in Germany 2000

ISBN 3-333-01066-6

Gedruckt auf alterungsbeständigem Papier
mit chlorfrei gebleichtem Zellstoff